EPITAPHS

墓志铭图书馆

［英］萨缪尔·法努斯 编

黄兰岚 译

上海文艺出版社

目录

引言

i

第 一 章

长寿，爱，友情

1

第 二 章

各行各业

41

第 三 章

现在让我们来赞美吧
那些著名的男人女人

109

第 四 章

悲伤,心酸,哀怨

209

第 五 章

奇异,哥特,古怪,荒诞

245

第 六 章

死于非命或英年早逝

315

第 七 章

书面墓志铭

379

Introduction

引言

> 拉结死了，葬于去以法他的路上，以法他就是伯利恒。雅各在她的坟上立了块碑：**这就是拉结的墓碑，至今日依然存在。**（《创世纪》35:19）

无论是漫步墓地时收集墓志铭，抑或流连于卷帙浩繁的图书馆收集文著，二者皆是有趣的消遣。墓志铭的吸引力一如生命本身永恒不息：与世长辞之际，如何将生命归纳总结？到了古稀之年，这看似漫长的一生，又如何用短短的三言两语诠释？

这份生命的总结必不可少，因它往往精辟隽永。千百年来，只要条件允许，对逝者的告别就绝不仅是入土为安那么简单。竖一块墓碑，或是立一个载有描述的类似标志物，即使仅有只言片语，都是对逝者一生某种恰如其分的认可。雅各与拉结的爱情是《圣经》里最伟大的爱情故事之一，拉结难产死后，雅各在他爱人的墓前立起了碑，这块碑自故事诞生至今依旧可见，或许上面也印刻着某种铭文吧。

许多迄今留存的碑刻实物已印证，纪念碑文自古文明时期便由埃及流传开来，蔓延至苏美尔、希腊、罗马与中国。英国也存有许多罗马时代（公元1—5世纪）的碑文。下面这则碑文近期才入驻牛津阿什莫尔博物馆，非常典型：

献给逝者的灵魂，缅怀第二奥古斯塔军团的百夫长威武斯·马尔西安，他最忠诚的妻子——雅努阿里亚·玛蒂娜立下此碑。

盎格鲁-撒克逊的石碑则起源于7世纪末以后，有时它们会以祷告的形式出现：

腾万立下此十字碑，缅怀他的主人（或儿子）[1]托彻德。

---

1. 因年代久远，墓碑字迹已不再清晰可辨，不确定是"lord"（主人）还是"son"（儿子）。——编者注

为他的灵魂祈祷。

在中世纪，教堂墓地里鲜少出现石碑。大多数逝者仅是被埋于地下，可能辅以临时的标志物，通常是枚木牌。起初，只有圣徒和神职人员能被安葬于教堂里，后者的墓碑会刻上简短的拉丁铭文，有时也会有细长的十字架。自13世纪以来，世俗人士[1]亦被葬在了教堂中，他们主要是骑士。公认现存最早的英文墓志铭悼念的主人是福尔克的妻子艾玛（约1300年），发现于林肯郡的斯托教堂：

所有还活着的人
请为福尔克之妻艾玛祈祷

宗教改革之后，墓碑与其他的纪念碑成倍增加，这既映射了社会繁荣，也体现了个人身份的新意识。富人们甚至建造了更精致华丽的纪念碑，

---

1. 平信徒们。（说明：本书如无特殊说明，均为译者注。）

堪与中世纪的小教堂相媲美。直到某个时候，这些纪念碑与教堂的其他构造实在难相匹配，建碑的举动才有所放缓。在1631年约翰·韦弗收集整理第一批墓志铭时，陵墓的装饰已相当先进完善了，以至于他不免抱怨道：

> 若有人认真审视这一时期的陵墓，查看墓上装扮点缀的种种细节，他一定能轻易地从这些人浮夸古怪的癖好与盛大的装扮下，看到我们脑海中充斥着的满满的虚荣。而这份虚荣，在将来会激起更多的恶意而非善心；于是，本该属于上帝的殿堂，却变作当下各类怪癖与装扮的孵化地……而更糟糕的是，他们还会将裸体男女的图画绘在墓上，使它们从尘埃中显现，连同那些异教诸神的记忆与轮回变迁，一并搬入教堂。

是宗教改革让这一趋势变得可能。韦弗自己也证实道：

> 在每个郡,都有一些特定的人被赋予权力,去摧毁教堂、十字架(耶稣受难像)、圣像(雕像)、圣坛及其留存的物品。任何无知的人们成群崇拜或迷信之物,通通被一弃了之。

以往的宗教屏风与圣人雕像,被世俗的纪念碑所取代,用以纪念有一定社会地位或做出值得铭记的社会成就之人。威斯敏斯特教堂就是这一趋势中的典例。它曾是蒸蒸日上的本笃会建筑,在宗教改革前也是一些君主的墓地。而宗教改革后,它和之后的圣保罗大教堂,便一同成为整个英国的圣地以及陈列展示雕像的场所。到了17世纪,石碑已广泛见诸教堂墓地。至于新大陆的第一批立墓碑的主人,则是"五月花号"上的乘客了。

几个世纪以来,墓志铭的内容与形式,以及它们所传达的情绪,都在不断演变。中世纪的墓碑文字通常较短,往往包含祈祷逝者的灵魂,或劝诫路人也来为逝者祷告。还有各类有关死亡的图像（雕刻的头骨、其他骨头、沙漏、镰刀、丧钟），以及让人们准备迎接死神降临的警告。以上种种皆表明，17世纪至18世纪的墓碑是用以警示生者的。然而，这一时期也是墓志铭最繁盛的时代，它留下了一些最为有趣、无厘头、轻松诙谐的碑铭，更不消说那些字字珠玑、意味深长的墓志铭了。而到了19世纪，死亡的象征则变为居高临下的道德说教、多愁善感与对宗教的热忱——这些也成了复活重生的标志。维多利亚时期的墓志铭则大多冗长，絮叨着逝者一生的辛劳、死亡带来的解脱、对"善有善报"的期待、回到造物主身边时孩童般的纯真……也有许多墓志铭意在抚慰失去至亲之人，字句深切，似写于莫大的悲恸之中。

20世纪的墓志铭倾向于记录一些简单明了的事实，譬如逝者的姓名及生卒年月，有的会辅以一句《圣经》中的话，或一些简短的情绪抒发。相较于前几个世纪，有人觉得墓志铭的艺术感已然消亡，这也许可以被谅解。虽然这一趋势无可否认，但人们也能发现一些反例，譬如C.S.刘易斯为妻子乔伊·戴维曼所写的墓志铭,以及斯派克·米利根写给自己的铭文。在 20 世纪二三十年代,部分杂志也邀请美国名人们撰写自己的墓志铭,由此出现了一些颇为精辟风趣的语句。类似风格的墓志铭在 20 世纪后期亦有出现,部分收录于本书第五章。

  人们撰写墓志铭的目的有很多种:记录逝者的一生,或其去世的相关信息;表达某些情绪;记录逝者的态度,如虔诚或愤世嫉俗;安慰逝者的亲人;表达对"来世"一说的肯定或否定;对逝者及其同类人的赞扬或谴责;继承发扬逝者的某项事业;劝诫生者……不一而足。至于那些喜欢在墓志铭里使用过多双关语之人,他们撰写墓志铭与其说是出于纪念,不如说是在自负地作秀——譬如下面这篇,据说是一位名叫理查德·沃姆[1]爵士的墓志铭(于 1589 年),位于彼得堡大

---

1. 沃姆这一姓氏的英文"Worme"与蠕虫一词"Worm"的英文发音相同,此处为谐音双关的用法,将沃姆与虫子交错使用在了墓志铭中。——编者注

教堂：

> 沃姆会被虫啃噬？且让沃姆爵士来证实，
> 沃姆爵士葬于此，为虫腹中食。
> 沃姆会被虫啃噬？沃姆必将否定之，
> 既为虫类盘中物，说谎欺骗又何苦。
> 既是这样又不是，如何避免被虫噬。
> 沃姆蒙诸神福佑，必将免受虫啃食。

20世纪的一些墓志铭似乎也体现了撰写者的新目的：娱乐，尤其是通过幽默来呈现。不过，这对于杰克·莱蒙这类的喜剧演员倒是无可厚非（第301页），但有些刻意为之的幽默却容易演变成某种不合时宜的突兀，抑或是低级趣味，有时甚至还会怪异到令人震惊的地步。

关于墓志铭的文献著作已经出版了很多：从选摘到论文，尤其以威廉·华兹华斯和塞缪尔·约翰逊的著作为代表，此外还有很多相关的学术文章与书籍。甚至还有许多专门供碑匠与雕刻者参考的墓志铭选集。这种专为人提供墓志铭来参考的传统，可以追溯到约翰·鲍登的《墓志铭作家》(1791年)，书中有600条原创墓志铭，道德、训诫、幽默、讽刺应有尽有，主要是为那些希望在墓碑上书写篆刻的人所设计。除了文物研究者所收集的墓志铭，各郡与教区的历史记录同样是搜寻墓志铭的丰富来源。

虽然以亲自参观墓地的方式来阅读墓志铭的体验无可替代，但如今互联网能为我们提供大量世界各地墓园的墓碑图片，进而也改变了墓志铭的收集品读方式。人们可以足不出户，就收集抄录到远方某地的铭文（不过要提防虚假信息，它们通常是拙劣的修图技术与荒谬不可靠的内容泛滥的产物）。这些墓碑图片已被各类人士发布在网上，发布方包括教堂（威斯敏斯特教堂）、墓园（绿色公墓）、各类机构（国家海洋博物馆等）、专业网站（findagrave.com, www.geograph.org.uk）等，以及一些前往墓地或纪念馆的个人游览者。本书中的许多墓志铭，就摘录于各方发布的照片及其他网络资源。还有的来源于部分参考文献中的纸质和电子版资料，以及游览者对墓园的实地访问。

石头看似坚固永恒，实则瞬息万变。那些刻于石碑上的精美文字只有几毫米深的印记，通常在短短几十年间，碑匠当年的一笔一刻会在许多情况下被腐蚀殆尽。而室内的情况也好不了太多，教堂地板上的石碑会被人们踩踏磨损。这就使得我们有必要在石碑上的文字仍清晰可辨时，就及时将其记录下来。只是在前几个世纪，并非所有的摘录都遵循这一原则。一些人复制抄录墓志铭时，连逝者的姓名、日期，甚至地点都不甚翔实。而据编辑这些铭文的人说，有时同一条墓志铭还会以各种形式在摘录里呈现。由于这些石碑通常早已消逝，"回收"的各抄录版本实在难以靠得住，尤其是连出处都缺乏的情况下。我已尝试着通过来源的可靠性、随带的特定信息（姓名、地点、日期）、本身的合理性来筛选掉那些存疑的墓志铭。不过，我在本书中依然保留了少量无法追溯核实的铭文，因为它们具有独特的内在价值。对于这些铭文我会专门标注，对其可靠性存疑进行说明。

本书中的一些墓志铭来自墓碑，但也有些出自纪念碑的碑文，有的甚至是逝者去世几个世纪后才撰写的。书中还包含了一些集体性的纪念碑文，用以缅怀战场上牺牲的人们。还有一些来自墓地附近纪念墙上的字句。英语世界已创造了各种千奇百怪的墓志铭，不过有些存在古英语和现代语言翻译的问题。尽管在不同时间地点，墓志铭的风格和内容也会受到相应文化背景的制约，但数百年来它们所传达的情感却惊人地统一。故此，本书虽然收录范围甚广，囊括古希腊时期至21世纪的各类墓志铭，且看似毫不相干，但也能概括成某几类特定的主题。这些主题为人类所共有，超越了时间与空间的界限。

为了让这本主观色彩浓郁的选集有更清晰的脉络，我尝试着为这些墓志铭分类，并以不同主题和章节的形式呈现——尽管这样的做法有些武断。

按照分类，很多墓志铭其实不仅适用于某一个章节。我没有在书中过多添加自己的笔墨，而且鲜少点评，尽可能让这些墓志铭呈现出最原本的面目。

英语世界里有个极好的编写墓志铭的传统，即在某个人还在世时就开始撰写。这些字句通常并没有真的打算用在墓碑上，它们只是以墓志铭的形式被创作出来：内容严肃活泼、嬉笑怒骂、情感各异。这些文字促成了一种盛行于18世纪至19世纪的特有的文学体裁。这类墓志铭我也收集了少许，它们位于本书的第七章。

在抄录墓志铭时，我尽可能地保留了铭文本身的拼写、换行与大小写，但没有使用斜体字（斜体在18世纪的碑铭中甚为流行），也没有保留墓碑上大小不一的字号。[1] 我并非每篇墓志铭都全文摘录，对此我也试图在批注里指出这点。这不是

---

1. 在中文版的编辑过程中，我们也尽量用字体加粗的方式体现了原版英文中保留的大小写，换行以及标点的使用，数字的写法也在保证理解的前提下，尽量尊重原版，以便让读者可以更明晰地感受到墓志铭最原始的状态。——编者注

一篇学术著作，故此，我没有分别就每一条引用都列出来源。但在书中所附的文献目录里，我会列出所涉及的参考资料。

墓志铭蕴含着令人动容的力量。在那些对于前人挣扎、欢乐、悲剧与胜利的记录中，我们能从中品读到自己与之相似的经历，以及其对人性本质要素的刻画。这些要素突破了时间与文化的界限，亘古绵长。虽然某一条具体的墓志铭通常只关乎一个人的生死，但从总体来看，这些墓志铭组成了一面人类的反射镜，以石刻成，映鉴人生。

在编写此书的过程中，牛津大学图书馆的克里斯·哈格里夫斯给予了我许多协助和鼓励。珍妮·菲利普斯在编辑和打磨此书的过程中给出了不少建议。黛博拉·苏斯曼和艾米丽·布兰德以惯有的快速高效出版了这本书。尼古拉斯·斯托格登和亨丽埃塔·雷瑟读了这篇引言的草稿，并做出了很有帮助的评论反馈。然而最让我受益的，还是几个世纪以来大量墓志铭的收录者们。如今，许多的游客、教堂墓地与墓园方将墓碑与纪念碑的图片发在网上,为收录者的工作增添一臂之力,也延续了一个迷人而富有价值的传统。至于书中可能出现的任何错误,皆因我个人造成,我责无旁贷。

第一章

Long Life, Love, & Friendship

长寿，爱，友情

圣巴索勒莫教堂，布莱特威尔·鲍德温区，牛津郡。

St Bartholemew, Brightwell Baldwin, Oxfordshire.

斯蒂芬·鲁姆伯特

生于 1582 年 2 月

逝于 1687 年 3 月 4 日

活了一百零五年

面色红润身体棒

足足一百零五年

你没法儿活这样长

圣克莱门特教堂，抵滨海利，埃塞克斯郡。

St Clement, Leigh-on-Sea, Essex.

此处安息着玛丽·埃利斯

本教区

托马斯和莉迪亚·埃利斯之女

她忠贞勇敢，满怀希望

逝于 1609 年 6 月 3 日

享年 119 岁

据说位于圣安德鲁教堂,希夫纳尔,什罗普郡。

Said to have been in St Andrew, Shifnal, Shropshire.

1776 年 8 月 7 日逝世,
玛丽·耶孜,希夫纳尔人。享年 128 岁。
多年幸得
哈里爵士与布里奇曼夫人接济。
就在 1666 年伦敦大火之后,
她徒步到了伦敦。
一百二十余年来身心强健,
92 岁那年与第三任丈夫步入婚姻殿堂。

全圣教堂,北安普敦,北安普敦郡。

All Saints, Northampton, Northamptonshire.

约翰·贝里斯
生于此,亦长眠于此
直至他 126 岁,
生命的尽头
依旧耳聪目明,记忆良好
他走过了三个世纪
于 1706 年
4 月 14 日被安葬于此。

阿灵顿,马萨诸塞州。

Arlington, Massachusetts

塞缪尔·惠特莫尔(1696—1793),已知美国独立战争中最年长的战士。他于 97 岁逝世(并非他碑上所写的 98 岁)。

就在此处附近,
塞缪尔·惠特莫尔
彼时已 80 高龄,
杀了三名英国士兵
1775 年 4 月 19 日
他身中刺刀,
遭遇殴打,被弃置等死,
幸而伤愈,活至 98 岁。

圣巴索勒莫教堂，朗诺尔教区，斯塔福德郡。

St Bartholemew, Longnor, Staffordshire.

石碑背面有注明，称原碑已被腐蚀破坏，此为 1903 年重立的墓碑。

纪念威廉·毕林杰
1679 年生于本教区
弗菲尔德海德的玉米地里。
23 岁应征参军入伍，
投身乔治·洛克爵士麾下。
1704 年参加夺取
直布罗陀要塞战役。之后
于拉米伊战役中[1]

---

1. 西班牙皇位继承战役。

在马尔堡公爵麾下效力，
1706年5月23日，
他于作战中被步枪击中腿部负伤。
之后回归故国，
在1715—1746的叛乱中
勇敢捍卫君主权力。
1791年1月30日他与世长辞，享年112岁。
逝世之地与出生地仅150码之遥。

得死神之令，驻扎于此地。
若号角吹响，定再赴战场。

皇家切尔西医院,伦敦。

Royal Chelsea Hospital, London.

此处安息着威廉·希塞兰[1]
享受养老金理所当然
因他是士兵中当仁不让的"老兵"
如果长期服役是一项功绩
他的服役时长则在人类历史之上
年事已高依旧为国效劳
参与过诸多国内外战役

---

1. 威廉·希赛兰(William Hiseland),姓氏在历史记录中亦被拼为"Hasland"或"Haseland",英国人,后从军。据传因其89岁(1709年)还参加了马尔佩凯特战役而为人所知,是战场上已知的最年长兵士。他曾声称自己是英国内战的最后一名幸存者。生前军衔升至中士。——编者注

未曾受伤残疾，亦无疲惫憔悴

他面容光亮，身心健壮

记忆力精准完好

身形超过军队标准

力量更甚年少巅峰

一百余岁时还娶了妻子

年岁越长越阳刚

各位士兵阅读并反思

这是一场精神的战役

当然这场战役终有完结之日

生于 1620 年 8 月，逝于 1732 年 2 月，享年 112 岁

圣尼古拉斯教堂，布莱顿市，东苏塞克斯郡。

St Nicholas, Brighton, East Sussex.

纪念

菲比·赫赛尔

1713 年出生于斯特普尼

作为第五军团一名列兵

在欧洲各地服役多年

1745 年，她于肯伯兰公爵麾下

参与丰特努瓦战役

战役中手臂被刺刀所伤

她漫长的一生

自安妮女王时代至

乔治四世时代

晚年蒙君主关爱

屡获安慰与支持

1821 年 12 月 12 日

她于常年居住的布莱顿逝世

享年 108 岁

施洗者圣约翰教堂,伯福德镇,牛津郡。

St John the Baptist, Burford, Oxfordshire.

伊丽莎白·坦菲尔德夫人写给丈夫劳伦斯·坦菲尔德爵士(1551—1625)。

阴影笼罩于此
生活充满忧愁
我多希望与他
共赴生命尽头
愿我最爱之人
受到主的福佑
若能陪他安眠
我便幸福无忧
我们二人一同
承蒙主的保佑

爱让我成诗人
写下这些诗篇
我心已随你去
但思念永留存

弗农镇,佛蒙特州。

Vernon, Vermont.

埃比尼泽·斯科特,

1826 年逝世,享年 83 岁

他是一位祖父

是马萨诸塞州博纳斯顿镇出生的第一位白人男性

8 岁那年,

他和母亲及两个兄弟一起,

被印第安人带去魁北克,

卖给了法国人。

之后回到父亲身边,

在独立战争中效力——并享受养老金。

圣玛丽教堂,索恩伯里县,格洛斯特郡。

St Mary, Thornbury, Gloucestershire.

纪念

托马斯·里迪福德

逝于 1840 年 11 月 19 日

享年 54 岁

给予我信任的你

一方宁静的墓园

你如宝贵的珍珠

闪烁在这尘世间

愿这神圣的坟墓佑你周全

直到妻子前来相伴你同眠

老山墓地,纽伯立波特市,马萨诸塞州(部分)。

Old Hill , Newburyport, Massachusetts (partial).

纪念

理查德·史密斯及其妻子阿比盖尔

他们一起生活了 53 年

夫妻和睦,堪称楷模

1806 年 10 月

二人在五天里相继离世

享年皆 79 岁

老山墓地，纽伯立波特市，马萨诸塞州。

Old Hill Burying Ground, Newburyport, Massachusetts.

纪念

艾德蒙·摩尔斯及玛丽，他的妻子

他逝世于 1790 年 5 月 22 日

她逝世于 1790 年 5 月 14 日

二人皆享年 83 岁

承蒙主引导，相爱结连理

死亡亦无法，将二人分离

生死纵无常，此情两不渝

圣玛丽教堂，惠特比镇，北约克郡。

St Mary, Whitby, North Yorkshire.

此处安息着弗朗西斯·亨德罗德
及其妻子玛丽，二人生于同年同月同一周的同一日
1600 年 9 月 19 日
于生日结婚，
一生育有 12 子
同逝世于 1680 年 9 月 19 日，享年 80 岁，
在他们相同生日的那天，相差不过五小时。

同年同月同日生，同年同月同日死，
携手尘世八十载，离别不过五小时。
柔软心灵两相契，结连理育十二子，
出生离世皆一致，世间无人可比之。

据说位于全圣教堂，贝克韦尔镇，德比郡（部分）。

Said to have been in All Saints, Bakewell, Derbyshire (partial).

子孙后代知悉：公元 1737 年 4 月 8 日，约翰·戴尔完成了他 86 年朝圣的一生，安葬于此处，栖身于他的两位妻子之上。

夫妇三人深情地在此躺在一起，
这件事生前可能会引起些妒忌，
但这里的拥抱并没有快乐流淌，
世人所有快乐悲伤都在此酝酿；

莎拉的责备埋怨约翰再也听不到，
老约翰的东拉西扯莎拉再也怕不着；
他们这辛劳的一生结局终来到；
好男人变安静了，两位妻子也不再闹。

坎特伯雷圣奥古斯丁教堂，伯德布鲁克教区，埃塞克斯郡。

St Augustine of Canterbury, Birdbrook, Essex.

本教区贝索恩恩德村天鹅旅馆的

玛莎·布卢伊特

安葬于 1681 年 5 月 7 日

先后有过九任丈夫。

但第九任比她长寿

她葬礼上的布道文为：

"最后，这妇人也去世了。"

坎特伯雷圣奥古斯丁教堂,伯德布鲁克教区,埃塞克斯郡。

St Augustine of Canterbury, Birdbrook, Essex.

罗伯特·霍根

本教区人士

先后有过七任妻子

1739 年 1 月 1 日

他娶了第七任妻子安·利弗莫尔

多切斯特修道院，牛津郡。

Dorchester Abbey, Oxfordshire.

一位不忠婚姻的受害者。

读者！
如果你有一颗温柔与怜悯之心，
请凝视此处。
这里安放着一位
年轻女士的遗体，她朴实美丽，
天真无邪，举止文雅，
曾经所有认识她之人，
都对她怀有爱与敬意。可当
这个短暂世界里
粗鲁的打击与冲撞
令神经敏感的她不堪重负，

她纯真的本性不复，
被极度的敏感所折磨，
沉沦至死。
萨拉·弗莱彻夫人，弗莱彻上尉之妻，
于1799年6月7日，
在克里夫顿村走到了生命尽头，
时年29岁。
愿被这世间所否定的她，
灵魂能在天堂觅得一份平静。

圣吉尔斯教堂,博斯教区,达拉谟郡。

St Giles, Bowes, Durham.

一段情人的悲剧

小罗杰·莱特森与玛莎·雷尔顿

两人都是博斯人,葬于同一坟墓。

他死于高烧,当逝去的丧钟敲响时,

她哭喊着"我的心已碎了",数小时后便为情而去。

1714(15)年3月15日。

圣维兰教堂，隆河，法国。

St Vérand, Rhone, France.

约翰·斯图尔特·米尔写给妻子哈丽特·米尔（1859 年逝世）

若世上还存在些许像她那样的心肠与智慧，
这个世界早已变成了期盼中的天堂。

克拉西教区,阿伯丁郡。

Crathie, Aberdeenshire

维多利亚女王的侍从(1826—1883)。

这块石碑竖立于
对约翰·布朗
充满深情与感激的回忆中
他是维多利亚女王的
个人侍从
甘于奉献,忠诚可靠
也是女王亲爱的挚友
他侍奉女王三十四载。
1826 年 12 月 8 日生于卡瑟林纳德
1883 年 3 月 27 日逝世于温莎城堡
"那位朋友奉献给你可见的忠诚,
他是上帝给予你的礼物,
你手足无措之时会倾力相助。"

冈维尔与凯斯学院,剑桥大学。

Gonville and Caius, Cambridge.

至托马斯·李格,学监,来自他的挚友,约翰·戈斯特林。第二段铭文位于双手握着一颗燃烧的心的图案下方。(译自拉丁文)

托马斯·李格,

法学博士,

之前曾是该学院的学监,

逝于公元 1607 年 7 月 12 日,

享年 72 岁。

两人在世时,爱将彼此相连。愿他们安葬后,能以尘土继续联结。

啊,李格,戈斯特林的心仍与你同在。

英吉利公墓,罗马。

English Cemetery, Rome.

特里劳尼为珀西·雪莱及他自己买下了两座并排的坟墓,并在自己的墓碑上刻下了雪莱一首诗中节选出的四句,作为自己的墓志铭。不过,人们认为雪莱诗中的"朋友"指的是爱德华·威廉姆斯,他们二人在一起划船事故中共同遇难,尸体被冲上了维亚雷焦的海滩。

爱德华·约翰·特里劳尼
于1881年8月13日在英格兰逝世
享年88岁
两位好友生前不曾分离,
且让他们记忆连在一起,如今二人
已栖身于墓地,莫要将他们的尸骨分离。
因他们二人的心原本就同为一体。

圣玛丽·玛格达莱妮教堂，朗塞斯顿，康沃尔郡。

St Mary Magdalene, Launceston, Cornwall.

格兰威尔·派珀（1717年逝世）和理查德·威斯（1726年逝世）的纪念碑。二人皆葬在巴思（部分内容译自拉丁文）。

此为格兰威尔·派珀绅士与理查德·威斯先生的衣冠冢。两人曾为本镇的市议员，他们的遗体此时躺在萨默塞特郡的巴思市。

生前他们心有灵犀，紧密联系，所以去世后，这样的真心好友也并未分离。

派珀早先被强烈催促去巴思疗养。公元1717年4月16日，他在巴思逝世，时年38岁。威斯于公元1726年7月27日逝于朗塞斯顿，享年64岁，遗愿希望他的骨灰能被存放于巴思，靠近他最亲爱的导师。

赫里福德大教堂，赫里福郡。

Hereford Cathedral, Herefordshire.

该郡的主教赫伯特·克罗夫特，葬于赫里福德大教堂的主持牧师乔治·本森（1692 年逝世）旁边。二人的墓碑由一块石头相连，上面刻着紧握的双手。第二段铭文来自本森的墓碑（部分译自拉丁文）。

此地埋葬着来自小农场的

赫伯特·克罗夫特

他是赫里福德的主教，

1691 年 5 月 18 日逝世，

享年 88 岁，

生前团结统一。

死后亦无分离。

威斯敏斯特教堂，伦敦。

Westminster Abbey, London.

玛丽·肯德尔（1607—1709/10）（部分）。

她生前
与凯瑟琳·琼斯夫人
有着亲密的联系与友谊；
她要求以此做证，
即使逝后化作尘土，
两人也不相分离：
故此，她要求葬于此地，
她知道杰出的琼斯夫人
某天将会安息此处，
安眠于她亲爱的教母——
然内拉伯爵夫人伊丽莎白身边。

伍德劳恩公墓,埃尔迈拉市,纽约。

Woodlawn Cemetery, Elmira, New York.

奥利维亚·苏珊·克莱门斯。墓志铭由其父亲马克·吐温自罗伯特·理查德森的一首诗改编而成。(部分)

夏日暖阳温和地照着;
徐徐南风柔软地拂过;
上方的如茵绿草,轻躺,轻躺——
　睡吧宝贝儿,晚安,晚安。

纪念花园,全国有色人种协进会,巴尔的摩,马里兰州。

Memorial Garden, NAACP, Baltimore, Maryland.

此处安放着多萝西·帕克的骨灰

(1893—1967)

幽默大师,作家,评论家。

人权与公民权益的捍卫者。

她曾建议自己的墓志铭为

"原谅我所留下的尘埃"。

特建造此纪念花园,

以纪念她颂扬人类同一性的崇高精神,

与在黑人和犹太人的

永恒友谊中发挥的纽带作用

捐赠方:全国有色人种协进会

1988 年 10 月 28 日

林肯大教堂,林肯郡。

Lincoln Cathedral, Lincolnshire.

这里安息着

迈克尔·哈尼伍德,神学博士

罗伯特·哈尼伍德阁下

367 位孙辈之一。

即哈尼伍德之妻玛丽去世前,

合法的后裔。

哈尼伍德太太育有 16 位子女,114 位孙辈,

第三代 288 人,第四代 9 人。

哈尼伍德太太

逝世于 1605 年,享年 78 岁。

康威，康威郡自治市，威尔士。

Conwy, Conwy County Borough, Wales.

这里安息着

尼克·胡克斯先生

康威人士，

威廉·胡克斯先生的

第 41 个孩子

其妻子爱丽丝

特立此碑，他是 27 个孩子的父亲

于 1637 年 3 月 20 日逝世

此石碑于 1720 年被重新修缮

由约翰·胡克斯先生负责

还有托马斯·布雷德尼和 W. 阿切尔先生

圣母玛利亚教堂，萨弗伦沃尔登镇，埃塞克斯郡。

St Mary the Virgin, Saffron Walden, Essex.

纪念

理查德·沃德·斯派瑟

生于 1789 年 5 月 13 日，逝于 1853 年 6 月 25 日

其妻达德利·阿德科克·斯派瑟

生于 1790 年 12 月 28 日，逝于 1852 年 9 月 15 日

以及二人的子女

马修·W. 斯派瑟

生于 1812 年 9 月 28 日，逝于 1852 年 5 月 3 日

萨拉·W. 斯派瑟

生于 1814 年 2 月 26 日，逝于 1814 年 6 月 5 日

理查德·斯派瑟

生于 1815 年 11 月 14 日，逝于 1830 年 6 月 15 日

达德利·斯派瑟

生于 1818 年 7 月 20 日，逝于 1827 年 6 月 26 日

哈丽特·斯派瑟

生于 1820 年 8 月 10 日，逝于 1855 年 2 月 7 日

萨拉·斯派瑟

生于 1822 年 5 月 6 日，逝于 1823 年 3 月 10 日

威廉·斯派瑟

生于 1824 年 2 月 21 日，逝于 1824 年 9 月 9 日

乔治·S.斯派瑟

生于 1825 年 9 月 21 日，逝于 1844 年 12 月 31 日

苏珊娜·斯派瑟

生于 1827 年 5 月 30 日，逝于 1838 年 10 月 7 日

理查德·斯派瑟

生于 1830 年 10 月 30 日，逝于 1833 年 5 月 4 日

达德利·斯派瑟

生于 1832 年 6 月 13 日，逝于 1833 年 5 月 1 日

以及马修·斯派瑟的妻子简，

即本镇威廉姆·洛之女，

于 1852 年 10 月 13 日逝世，时年 37 岁。

第二章

Occupations & Professions

各行各业

威斯敏斯特教堂，伦敦。

Westminster Abbey, London.

乔治·格雷厄姆（1679年）（部分）。

此处……

安息着乔治·格雷厄姆

伦敦钟表匠与皇家学会会员

他奇思妙想的发明

无愧英国天才的赞誉

他精细准确的操作

堪称匠人技艺的圭臬

他于1751年11月16日逝世

享年78岁。[1]

---

1. 原文此处是用古罗马数字表达的日期。（XVI of November MDCCLI, in the LXXVIII year of his age.）

圣彼得罗克教堂，利德福德，德文郡。

St Petrock, Lydford, Devonshire.

此处，水平位置，
放置着钟表匠乔治·柔特莱尔
的棺木，
他的技艺在这一行广受赞誉。
他一生所有行为举止，
以正直为主发条，以谨慎做校准器，
将匠心融入人生。
仁慈，慷慨，自由，
直至最后解脱时，
他才停下了劳作的手。
他的操作精细而规范，
从未有半点过错。

除非那钟表本就有故障，
被不了解的人错误设置：
纵是如此，
他也能轻松调回正确的状况。
他有着处理时间的艺术，
如此精湛美妙，
以至于他自己的时间，
也在循环往复、不断涌现的愉悦中，
悄悄地流逝。
直到一个不幸的时刻降临，
为他在世间的存在画上句点。
1802年11月14日他与世长辞，
时年57岁。
他如一只钟表般上足发条，
他兴奋地渴望着被造物主所眷顾，
将他彻底清洗，修复，设置完毕，
准备前往来世。

圣安德鲁教堂，巴克兰教区，德文郡。

St Andrew, Buckland Monachorum, Devon.

圣布里斯教堂，布莱兹诺顿教区，牛津郡。

St Britius, Brize Norton, Oxfordshire.

还有其他多地。铭文格式略有不同（部分）。

我的雪橇与铁锤都已磨损
我的风箱也不再有风吹起
我的火光已熄，煤也燃烧殆尽
我的钳子埋于灰烬之中，
我的煤铁都已消耗一空，
我的钉子已钉好，我的工作已完结。

✤

圣玛丽教堂，萨恩斯菲尔德教区，赫里福郡。

St Mary, Sarnesfield, Herefordshire.

约翰·亚伯（1577—1674，部分），内战期间，查理一世任命他为国王御用木匠。

在他诸多成就之中,他设计建造了萨恩斯菲尔德教堂。
  这陡峭石壁的遮挡物，成为建筑师的床铺
  这高耸入云的建筑，现却低垂着头颅
  他的言语与准则已被深深锁入石中
  用以建造世人皆晓他再也无法创造的建筑
  他尘世的房子将再也无法入住
  愿天堂的喜悦为他建造更坚固的住处

花园博物馆,朗伯斯区,伦敦。

The Garden Museum, Lambeth, London

废弃的圣玛丽教堂,约翰·德特兰特父(1638年逝世)子(1662年逝世)。铭文中的"sone"指的是约翰最小的儿子,名字也叫约翰。小约翰于19岁逝世。

当你路过此处,来认识下石碑下方的陌生人
这里躺着约翰·查德斯肯特,
是祖、父亲与儿子三人
最小的约翰年少逝世离去,而另两位
则选择收集海陆空的珍稀
以此在艺术与自然中徜徉
直至迎来生命终结的时光
当他们(如荷马的《伊利亚特》简叙)
在一个关闭的壁橱里探寻到诸多奇迹

这些知名的古物收藏家便已
化身作玫瑰与百合皇后的园丁
如今他们将自己移植于此,安眠歇息
当天使用号角将人们唤醒
当火焰将把整个世界燃净
这些会因此焕发生机
将花园变作天堂仙境

温斯洛市,缅因州。

Winslow, Maine.

此处安息着理查德·托马斯
有着英国人血统
1976 年加入辉格党
生前是制桶匠
如今成为蠕虫的美食
如同一只老旧的朗姆酒桶
桶板皆被标记,编号与捆扎
创造者终将复活并制作好他
他于 1824 年 9 月 28 日逝世,享年 75 岁。

贝肯汉姆公墓,伦敦。

Beckenham Cemetery, London.

20 世纪初,当所有的尝试都无法修补温彻斯特大教堂墙上的巨大裂缝时,深海潜水员威廉·沃克每日在水下作业,往里装填数袋混凝土,连续坚持了六年。这位潜水钟下潜水员的故事被永远刻在了石碑上。

威廉·沃克

皇家维多利亚勋章获得者

1869—1918

这是一位潜水员

他用自己的双手

拯救了温彻斯特大教堂

圣母玛利亚教堂，钦平诺顿区，牛津郡。

St Mary the Virgin, Chipping Norton, Oxfordshire.

此处

安息着菲利斯

约翰·汉弗莱斯的妻子

捕鼠员

在许多小镇居住过

一生去过远近多地旅行

在旅途中被夺去生命

这里是她最后的住所

1763 年 6 月 12 日

时年 58 岁

里彭大教堂,北约克郡。

Ripon Cathedral, North Yorkshire.

此处安息着

布莱恩·汤斯顿

一个可怜但诚实的人

他是个最为老练的垂钓者,

直到

死神,因嫉妒他的功绩,

于 1790 年

4 月 21 日,

将他逐出了这行

把他钓上钩

放置于此地

凯尔斯，邓弗里斯及盖洛韦，苏格兰。

Kells, Dumfries and Galloway, Scotland

墓碑由约翰·戈登上尉为其猎场看守人约翰·莫里竖立，后者在为其服务 46 年后于 1777 年逝世。墓碑上鲜明地刻着一把枪、一只火药筒、一柄钓竿和一只猎鸟。

啊，约翰，上次一见别来无恙；
你那打猎钓鱼的日子已成过往，
你再也无法聆听风笛与单簧管的声音；
你的颔首、鬼脸、眨眼与恶作剧也已凋零。
你那无邪的、古怪的、不甚连贯的言语，
你那狂野充沛的精力，蹒跚沉重的步履，
将很快被遗忘；你在世间的欢愉
鼻烟、玻璃杯、谜语与欢声笑语
也会消失不复；但我希望主能保佑你，
你在自己的位置上，很好地履行了你的使命。

收录于布里斯托尔的基督教堂。

Recorded as being in Christ Church, Bristol.

此处安息着托·图拉及其妻子玛丽。他曾两次被评为面包公司的烘焙大师,也两次就任本教区的教会委员。他逝世于1654年3月6日。玛丽逝世于1643年5月8日。

坟墓如同面包师的烤箱,
将信徒的身躯放入保藏
他们对重生保持着渴望,
愿造物主再次带来希望;
他们离开尘世,受主保佑,
他们会被逐步刻画塑造,
如同生面团终成烤面包。

圣彼得教堂，斯托克布里奇市，汉普郡。

St Peter, Stockbridge, Hampshire.

纪念

约翰·巴克特

本区王首旅店多年来的房东，

于 1802 年 11 月 25 日与世长辞

享年 67 岁

唉！可怜的巴克特去世了？
欢乐诚实的约翰，永别了。
在人生的井里，再三遭遇致命打击，
巴克特必如罐子一般，被粉碎彻底。
在这个纷杂变幻的场景中，
你的命运会变得多么不同！

起起落落，沉沉浮浮。
如今边缘还盈满溢出，
让你的慷慨供给充足
填满喝饱，还能保持干燥；
明天就如同沉入井里，
自满，盲目，难寻真理：
无论高或低，湿透或干燥，
是朽木的终不可雕
那么重生吧，不朽的巴克特，
得意地宣告你的栖身之地；
在双耳罐里，抑或在闪耀的双鱼星
用你的化身守护着斯托克布里奇。

圣彼得教堂，弗克顿教区，苏塞克斯郡。

St Peter, Folkington, Sussex.

墓碑基石上立着一块带盖的煮锅的浮雕，盖子内雕着"在最柔情的回忆中"一行字。在其周围，环绕着蔬菜、水果以及挂着浆果的小树枝。

伊丽莎白·大卫
不列颠帝国勋章获得者
1913 年 12 月 20 日至 1992 年 5 月 22 日
鲁伯特·格温议员与史黛拉·格温阁下之女
来自弗克顿的伍顿庄园
她的烹饪著作
为世界各地的美食爱好者
带来了欢乐与启迪

格洛斯特大教堂,格洛斯特郡。

Gloucester Cathedral, Gloucestershire.

塞缪尔·布里杰(1650 年逝世)。

作为这所学院的收租者,
他将自己偿还给自然,
他被埋葬在这地下,
直到被传唤去上面的唱诗班,
进行最后一次审计查账。

圣三一教堂，索尔拉特克利夫教区，诺丁汉郡。

Holy Trinity, Ratcliffe on Soar, Nottinghamshire.

罗伯特·史密斯（1782 年逝世），享年 82 岁。

> 教区任职做牧师，
> 五十五年又有余。
> 办公地点多烦忧，
> 难以言喻几多愁。
> 整整两代人离去，
> 皆被埋葬于他手。

圣玛丽教堂,奥特里教区,德文郡。

St Mary, Ottery, Devon.

这段诗节改编自亨利·沃兹沃斯·朗费罗的《乡村铁匠》。

怀着爱纪念乔治·戈弗雷

出生于 1834 年 10 月 25 日

逝世于 1917 年 5 月 5 日

六十年来,他每天敲响教堂的钟声

并保持镇上的钟精准报时。

辛劳,喜悦,悲伤,

伴随着他生命的旅途前行;

每天清晨都从工作开始,

每日夜晚再见证它结束。

生命的钟声圆满敲响,是该歇息的时候了。

帕尔格雷夫教区，萨福克郡。

Palgrave, Suffolk.

墓碑上画着一辆由三对马拉着的马车。

纪念

约翰·卡奇普尔

逝于 1787 年 6 月 16 日

享年 75 岁

我的马已完成了奔跑。

我的马车已腐烂衰败。

如今我的身体也躺于尘埃。

我的皮鞭已磨破，我的工作已完成结束

如今我被带至此处，这是我最后的归宿。

阿洛厄镇，克拉克曼南郡，苏格兰。

Alloa, Clackmannanshire, Scotland.

詹姆斯·麦克西萨克，书商（1834 年逝世），享年 66 岁。

我装订过的所有书目，
现已化作谷中尘土，
我也在地下被整片腐蚀，
死亡不过是迟早的事！

等待着最后的黎明到来
我化为尘埃在此轻躺；
生活的劳累已结束，我撤退离开，
在这儿找到了歇息的地方。

圣迈克尔教堂，考文垂市，西米德兰。

St Michael, Coventry, West Midlands.

此处安息着
约翰·休姆的遗体
他是一名印刷工
就像一台老旧磨损的打字机，
被频繁使用后，在墓地里长眠
但或许未来的某个时刻
他会在正直的模具里被再次铸造
被安全地锁在对永恒幸福的追逐中
这并非毫无希望
他于 1827 年 9 月 9 日离开人世
雇主对他满怀遗憾
同事对他深表敬佩

牛津大学莫顿学院（译自拉丁文）。

Merton College, Oxford (tr. from Latin).

牛津大学图书馆自 1604 年起以其创建人博德利的名字命名，数年来以"公共图书馆"为人所知。

纪念
托马斯·博德利爵士
公共图书馆创建人
于 1612 年 1 月 28 日逝世

圣伦纳德教堂，兰道夫教区，康沃尔郡。

St Leonard, Landulph, Cornwall.

这是一位校长，据说此墓志铭是他自己刻的。

纪念

此处下方埋葬着一位校长

学校在佩因特的十字街上

他在那里度过了无数寒暑

回报不算多，但他很满足

他生前住在这教区

家在斯托克顿里

井井有条地做礼拜及任何事

在这里能看到他之前的位置

上帝又为我们派来了另一个你

你教导下的孩子们都成长得体

而这方刻下他名字的碑石

会留下同样的一段故事

亚历山大·莫拿,逝世于

1774 年

时年(未知)

花园博物馆,兰贝斯路,伦敦。

The Garden Museum, Lambeth, London.

废弃的圣玛丽教堂。伊莱亚斯·阿什莫尔(1617—1692)。(部分译自拉丁文)

他于 1692 年 5 月 18 日去世

享年 76 岁

但只要牛津的阿什莫尔博物馆还在

他就永不会真正消亡

据说位于伦敦的罗尔斯教堂。

Said to have been in the Rolls Chapel, London.

1895 年被拆除。约翰·斯特兰奇爵士，法官。

此处安息着一位诚实的法官——
那就是斯特兰奇[1]

---

1. 此处为谐音双关，斯特兰奇的名字"Strange"有"奇异，奇怪"的意思。所以这句话也可以理解为，"这可真奇异。"

特威兹穆尔,皮布尔斯郡,苏格兰。

Tweedsmuir, Peeblesshire, Scotland.

爱德华·艾特森,一位吟游诗人(部分)。

在这孤寂之处歇息的骨骸尸身
来自一个扼杀了韵律文采之人
他不拘泥辞藻,也不讲究语法
居然有人读过他的书,还买回了家
虽说缺乏艺术细胞,他的美德却弥补了不足

记录于斯诺德兰镇，肯特郡。

Recorded in Snodland, Kent.

托马斯·帕尔默和玛丽·帕尔默（1407年逝世）。

帕尔默现在与那些先人同在了
我，帕尔默，朝圣者，住在此地
一生周游直至垂垂老矣
结束了遍布世界的朝圣之旅
在 1407 年欢乐的五月
在主所福佑的升天节
请将我带去天堂，旅程的终点

全圣教堂，科特灵顿教区，剑桥郡。

All Saints, Kirtlington, Cambridgeshire.

此处安息着爱德华·米尔芬·金特曼。他出生于伦敦，在美德与学习上受过良好教育，足迹遍布世界，去过很多著名城市，王子法院，欧洲其他知名地，希腊与土耳其的群岛，土耳其法院，再到位于亚美尼亚与锡里亚的边界的城市阿勒波，还曾途经朱里去往耶路撒冷，再经诸多国家去到大马士革，最终结束冒险旅程回到家乡，之后不久便于1953年在当地逝世，时年27岁。

罗克斯堡，罗克斯巴勒郡，苏格兰。

Roxburgh, Roxburghshire, Scotland.

在沃尔特·司各特爵士的小说《古董商》中，安德鲁·杰默斯是伊迪·奥奇特里的灵感来源。

看哪，一切都结束了
被埋葬在这里的
是绅士乞丐的遗体
安德鲁·杰默斯
又名伊迪·奥奇特里
他于 1793 年逝世于
罗克斯堡新城
享年 106 岁
墓碑竖立者
农夫 W. 汤姆逊
于罗克斯堡
1849 年

阿伯尼公园公墓,斯多克纽温顿区,伦敦。

Abney Park Cemetery, Stoke Newington, London.

威廉·布斯

救世军创建者与首任将军

生于 1829 年

1845 年灵魂重生[1]

1865 年成立救世军

1912 年 8 月 20 日去往天堂

以及

凯瑟琳·布斯

救世军之母

生于 1829 年

1890 年 10 月 4 日去往天堂

---

1. 成为基督徒。

巴斯修道院,萨默塞特。

Bath Abbey, Somerset.

纪念
艾萨克·皮特曼·K. 爵士
1813—1897
皮特曼速记法的发明者

他的目标坚定,思维独创

他的事业非凡,成就举世瞩目

他的生命服务上帝,奉献世人

圣彼德教堂，沃尔弗科特，牛津郡。

St Peter, Wolvercote, Oxfordshire.

威廉·梅雷迪斯，牛津大学新学院的风琴家。

气若游丝，梅雷迪斯，
美好地生，美丽地死。

圣彼得与保罗教堂,斯通登梅西,埃塞克斯郡。

SS Peter and Paul, Stondon Massey, Essex.

音乐之父

使荣耀归于神

纪念威廉·伯德

他生前住在斯坦顿

在此教区度过了生命的最后三十年。

他逝于 1623 年 7 月 4 日,享年 80 岁。

此墓碑竖立于 1923 年

以缅怀他逝世三百周年。

圣墓教堂,霍本,伦敦。

St Sepulchre without Newgate, Holborn, London.

这扇窗作为纪念

献给亨利·伍德爵士,荣誉勋爵

逍遥音乐节[1]的创始人

及其多年的指挥家(1895—1944)

他为百万同胞

打开了感知音乐的新世界大门

他把生命献给了音乐

把音乐带给了人民

他的骨灰安眠于此地下方

---

1. 创立于19世纪的古典音乐节,致力于让大众脱离传统音乐会的束缚,以音乐节一样可以随意走动,休闲着装的方式,享受古典音乐。每年在伦敦中部举办。——编者注

圣安德鲁教堂，汉普斯特德，埃塞克斯郡。

St Andrew, Hampstead, Essex.

血液循环的发现者
威廉·哈维的遗体
于 1883 年
由伦敦皇家医学院
虔诚地放置于此石棺之内

圣保罗大教堂，伦敦。

St Paul's Cathedral, London.

碑文的日期间刻着一台显微镜。这段铭文引用自胡克在显微图谱中对于"银色小书虫"的描述，它被刻在纪念碑的边缘。

罗伯特·胡克

1635 年—1703 年

世间

最

有独创性的人

之一

英国皇家学会

成员

格雷沙姆大学

几何学教授

伦敦金融城

检测者

克里斯托弗·雷恩爵士的

朋友与同事

从肉眼看,这是一只闪闪发光的珍珠色小飞蛾,在夏天当人们把书和报纸拿开时,常可以看见它十分敏捷地从底下逃走,躲到某个地方潜伏起来,在那里它可以更好地保护自己不受任何可见危险的侵袭。

圣尼古拉教堂,沃斯麦特勒佛教区,多赛特郡。

St Nicholas of Myra[1], Worth Matravers, Dorset.

威廉·詹纳通常被认为是第一个接种牛痘的人,不过本杰明·杰斯泰做的相关实验要比他更早。

纪念本杰明·杰斯泰(唐舍伊庄园)
逝于 1816 年 4 月 16 日,
享年 79 岁。
他出生于本郡的耶特敏斯特
成长为诚实可靠的男人:
因通过自我接种来引进牛痘的

---

1. 圣尼古拉是基督教的圣徒,因为是米拉城的主教,所以被人称为"米拉的圣尼古拉(St Nicholas of Myra)"。后来,其遗骸于 1087 年被迁移至意大利的巴里,所以后来也被称为"巴里的圣尼古拉(Nicholas of Bari)"。——编者注

（已知）第一人而闻名
1744年，他以强大的意志
在妻子与两个儿子身上
完成了牛痘接种实验

全圣教堂，谢伯恩教区。

All Saints, Shirburn.

托马斯·菲尔普斯，自学成才的天文学家，他自梅克斯菲尔德伯爵一世托马斯·帕克（1666—1732）家族的坚硬手腕中成长，升至更高的职位，并由梅克斯菲尔德伯爵二世乔治·帕克授权掌管天文台。

在此地附近

存放有

托马斯·菲尔普斯先生的遗体

他未受过专业教育的帮助

凭自身的勤奋

在数学及其他诸多知识领域自学成才

并且多年以来

掌管着梅克斯菲尔德伯爵的天文台

读者们可从他的例子中懂得
节制与俭省的回报是长寿
而一个诚实、勤奋又仁慈之人
对他所存在过的世界而言
是荣誉,也是幸事。

84 岁那年他与世长辞,令人痛惜
他生前所效劳过的主顾
刻下了这块石碑
以此表达对他的纪念之情

全圣教堂,斯伯弗斯村庄,北约克郡。

All Saints Church, Spofforth, North Yorkshire.

约翰·麦特卡尔菲。

虽然他四岁那年因患天花而失明,但他之后依然成家立业,当过音乐家、马贩、鱼商、纺织商和舞台车操作员。他还成为过伟大的筑路者,在约克郡、兰开夏郡、德比郡和柴郡铺设了近 200 英里的道路。

此处安息着约翰·麦特卡尔菲,他婴儿般的视力
感受着无尽夜里的黑暗压力;
可他那无畏的心灵却热情非凡,
他四肢绷紧,精神却自由松散,
远在更大胆的岁月开启之前,
他失明的努力已将他的抱负展现;
他的男子汉气概并非徒劳收场

他的热情在贸易和旅行中闪光

他如向导般提供万无一失的援助；
在没有轨道的荒地上铺筑了新路；
 当叛乱军的庞大势力在笼罩，
 他为自己的爱国事业受煎熬，
 忍受着苦痛与妻子儿女分别，
 迎接国家的伤痕累累与危险。

读者们！像他一样，尽其所能地施展天赋。
读者们！像他一样，崇拜上苍慷慨的帮助。

 他于 1810 年 4 月 26 日逝世，
  享年 93 岁。

施洗者圣约翰教堂，布罗姆斯格罗夫市，伍斯特郡。

St John the Baptist, Bromsgrove, Worcestershire.

神圣地

纪念托马斯·斯凯夫，

伯明翰和格洛斯特铁路的已故工程师，

于 1840 年 11 月 10 日星期二

因布罗姆斯格罗夫车站的引擎锅炉爆炸而丧生。

他当年 28 岁，因诸多友善可亲的品质，

深受同事工人们的尊敬

所有有幸熟识他的人，都会为他的逝世而长久惋惜。

以下几行是他一位不知名的朋友所写

作为对逝者生平的纪念。

我的引擎现在又冷又静,

我的锅炉里一滴水也没有了。

我的炭再也无法燃烧火焰,

我有作为的日子也画上了句点。

我的轮子不再按规定速度前行,

它们也不再需要我双手的指引。

我的口哨也失去了它的音调,

那尖锐又兴奋的声音消失了。

我的阀门现在突然打开,

我的法兰盘也都拒绝连接了。

我的吊砂条虽也曾强健,

如今却拒为忙碌的众人支援。

我再也感受不到每次急促的呼吸,

我的蒸汽此刻已在死亡中冷凝。

生命轨道终结,每站都已途经,

终点站是死亡,我终于停下歇息。

永别了亲爱的朋友,别再为我哭泣,

有主陪伴我很安全,我要在他怀里歇息。

此墓碑于 1842 年,由他的同事工人们合资竖立。

老山墓地，纽伯立波特，马萨诸塞州。

Old Hill Burying Ground, Newburyport, Massachusetts.

这里栖息着内森·黑尔阁下的遗体

他逝世于 1767 年 5 月 9 日，享年 76 岁

他是位经验丰富、声名显赫、受人尊敬的医师，对于患者无论贫富，一律悉心照料，从不区别对待。多年来他还担任太平绅士一职，处事不偏不倚，公正可信。他是一位真正的绅士。

肯萨绿地公墓，伦敦。

Kensal Green Cemetery, London.

伊桑巴德·金德姆·布鲁内尔的父亲（他被葬于同一座家庭墓中）。

马克·伊桑巴德·布鲁内尔爵士
土木工程师
1769 年 4 月 25 日生于诺曼底拉克维尔
1840 年 12 月 18 日逝于伦敦
他在朴茨茅斯查塔姆与泰晤士河隧道
所留下的公共建筑作品
提升了他自己纪念碑的高度

圣彼得教堂，莱顿市，荷兰。

St Pieterskerk, Leiden, The Netherlands.

鲁道夫·范·科伊伦（1540—1610），他计算到了圆周率小数点后的第 35 位。值得注意的是，这一发现最早被刻在了他原来的纪念碑上，而这一墓碑在 19 世纪初已遗失不见。2005 年人们为他竖立了新的纪念碑，上面的内容复制了最初的铭文。铭文的内容与形状组成了一个圆，被保存于一份手稿中。它包含了科伊伦所计算的圆周率值的范围。（部分译自荷兰语）

当直径为时

100000000000000000000000000000000000

圆的周长大于

3.14159265358979323846264338327950288

100000000000000000000000000000000000

并小于

3.1415926535897932384626433832795 0289

10000000000000000000000000000000000

老墓地，弗莱堡，德国。

Alter Friedhof, Freiburg, Germany.

撒迪厄斯·林德勒，数学家（译自德语）。

林德勒

教授

生于 1748 年 2 月 3 日

逝于 1824 年 10 月 7 日

在数学上，他用数字与字母
　　决定过许多事情
　　但对于死亡何时来临
这仍比未知数 X 还要未知

威斯敏斯特教堂，伦敦。

Westminster Abbey, London.

保罗·狄拉克。

墓志铭上附有简化版的狄拉克方程。

生于 1902 年

保罗·阿德里安·莫里斯·狄拉克

物理学家

$i\gamma \cdot \partial \psi = m\psi$

逝于 1984 年

圣玛丽教堂，罗汉姆教区，诺维奇市。

St Mary, Rougham, Norwich.

墓碑上有一架维克斯－维梅轰炸机。在诺斯逝世后四个月，他设计的那架飞机从纽芬兰飞往爱尔兰，完成了史上第一次跨越大西洋的不间断飞行。

此处安息着优秀的
托马斯·凯珀尔·诺斯，
大英帝国勋章官佐军衔获得者
他是本教区已故的凯珀尔·诺斯幺子
于 1919 年 2 月 19 日
逝世于肯特郡的克雷福德，时年 43 岁
他是维克斯工厂的负责人
设计并参与制造了第一架
穿越大西洋的飞机

圣安德鲁教堂,梅尔顿村,萨福克郡。

St Andrew, Melton, Suffolk.

纪念

瑟尔斯·V. 伍德

马特尔舍姆的晚辈

逝于 1884 年 12 月 14 日,享年 54 岁

他是第一位在这一广阔的区域里

在冰碛的诸多分区上

进行详细测绘的地质学家

这是一项无比辛劳的任务

同时有着重大的实用与科学意义

圣迈克尔教堂,吉特沙姆教区,德文郡。

St Michael, Gittisham, Devon.

亨利·因斯,在直布罗陀包围战时(1779年1月——1783年2月),于直布罗陀巨岩下设计了一条迷宫般的隧道,使英国的大炮可以俯瞰连接着本国与西班牙的地峡。

纪念

海军上尉亨利·因斯

于英国皇家守卫军退役

他在直布罗陀的建树

即是他勤勉与热情的

最为持久的证据

在为陛下服务49年后

他满载荣誉地在此退役

并虔诚地度过了晚年
他于 1808 年 10 月 9 日
结束了他颇有作为的一生
享年 72 岁
他主要供职于士兵技工队
皇家工兵的第一部队

圣母玛利亚教堂,斯塔德兰教区,多赛特郡。

St Mary the Virgin, Studland, Dorset.

纪念敬爱的
第四十步兵团的陆战队士官
威廉·劳伦斯
他为国家效力
度过了漫长而多变故的一生
1869 年 11 月 11 日
他的生命于斯塔德兰平静地画上句点
在 1805 年的南美战役
以及 1808—1813 年的半岛战役全程
他与卓越的战友们并肩作战
也因在这些战争中效力
他获得过一枚银奖章与至少十枚勋扣

他的战场遍及

罗雷拉,维米拉,塔拉韦拉

罗德里戈城

和巴霍达斯

(他在那里成为敢死队志愿者中的一员,

在一次孤注一掷的袭击中,受了最严重的伤)

维多利亚,庇里牛斯山脉,尼维尔

和奥尔特,图卢兹

他还为滑铁卢战役的光辉胜利而作战

1815 年 6 月 18 日

当他与战友效力的所在军团

和联军一起攻占巴黎时

陆战队士官劳伦斯在圣日耳曼莱雷教堂

与克罗迪尔·克莱雷成婚

后者于 1853 年 9 月 26 日逝世

被葬在了此处下方

圣万达斯特教堂,伦敦。

Saint Vedast-alias-Foster, London.

纪念

佩特罗少校

弗拉迪米尔·瓦西里耶维奇·彼得罗帕夫洛夫斯基

1881—1971

沙皇的战士

法国的战士,英格兰的战士

此墓碑由乔治·科陶德

及其他朋友竖立

"这是一个男子汉。"

圣伦纳德教堂,海斯镇,肯特郡。

St Leonard, Hythe, Kent.

莱昂内尔·鲁金(1742—1834)。

这位莱昂内尔·鲁金
是救生船的发明者与首位建造者
以安全为原则
许多人的生命与财产
靠它得以在海难中保存
1785 年
他以此获得了国王的专利

圣劳伦斯教堂，拉姆斯盖特市，肯特郡（1903 年逝世）。

St Lawrence, Ramsgate, Kent (1903).

以此纪念罗伯特·伍华德的沉船，该船已在大海中航行了五十五年。当复活之枪打响，船的残骸将由天使打捞公司捞起调查，若发现其有价值，将对该船进行整修，并开启前往永生的旅程。

里士满公墓，格罗夫路，里士满，萨里郡。

Richmond Cemetery, Grove Road, Richmond, Surrey.

汤姆·理查森，板球手与快速投球手，曾效力于萨里队和英格兰队。他曾在一个赛季里投中 290 个板球，创下了 33 年来的纪录。他的墓碑上刻画着柱门和一个板球。

纪念亲爱的
汤姆·理查森
萨里和英格兰的板球手
他尽其所能地投好球
但他自己于 1912 年 7 月 2 日
被上帝投中了生命的好球

圣劳伦斯，亚姆教区，德比郡。

St Lawrence, Eyam, Derbyshire.

哈里·巴格肖，板球手。1887 年至 1902 年在所效力的德比郡发挥一流。他还是一名板球裁判。他的墓碑上刻画着柱门、边门、一个球与一支球棒。

纪念亲爱的

哈里·巴格肖

逝于 1927 年 1 月 31 日

享年 67 岁

1888 年至 1924 年

效力于德比郡 & 玛丽勒本板球俱乐部

发挥出色

当一位伟大的记分人员

前来记录下了你的姓名
他记录的不是结果输赢
而是过程中你如何比拼

第三章

Let Us Now Praise

Famous Men & Women

现在让我们来赞美吧
那些著名的男人女人

圣奥尔本大教堂,赫特福德郡。

St Alban's Cathedral, Hertfordshire.

这里埋葬着
圣奥尔本的遗体,
他是老威鲁勒姆的公民,
该城镇自威鲁勒姆废墟之上,
拔地而起,
城镇因他而命名。
他是英格兰第一位殉道者,
于人类救赎之年
293 年 6 月 17 日
以身殉道。

圣奥古斯丁修道院,坎特伯雷,肯特郡。

St Augustine's Abbey, Canterbury, Kent.

圣·奥古斯丁
墓地所在
坎特伯雷第一任大主教
597—605 年在任
逝于 605 年

威斯敏斯特教堂，伦敦。

Westminster Abbey, London.

在修道院盛大落成
第 900 年
威斯敏斯特圣彼得教堂联合会的
主教与全体教士
为凯德蒙竖此纪念碑
他是英国诗人之先驱

贝特修道院，黑斯廷斯，肯特郡。

Battle Abbey, Hastings, Kent.

此为贝特修道院祭坛
之传统地址
为纪念 1066 年 10 月 14 日
威廉公爵之胜利而建
祭坛选址于此
是哈罗德国王逝世之地

修道院花园,考文垂(部分)。

Priory Gardens, Coventry (partial).

戈代娃,考文垂女勋爵

(逝于 1067 年 9 月 10 日)

其夫利奥弗里克,麦西亚伯爵

(逝于 1057 年 9 月 28 日)

二人葬于此处

于他们 1043 年在原圣奥斯堡女修道院处

所建之本笃会修道院教堂中

原女修道院于 1016 年被丹麦人洗劫

圣迈克尔派特诺斯特皇家教堂,伦敦。

St Michael, Paternoster Royal, London.

理查德·惠廷顿

四任

伦敦市长

建立此教堂

于 1422 年

被葬于此教堂

圣迈克尔与诸天使教堂,哈瑟西奇,德比郡。

St Michael and All Angels, Hathersage, Derbyshire.

此处栖身着

小约翰

他是罗宾汉的朋友与助手

在此教堂墓地以东的

一间小屋(现已损毁)

此墓在一棵老紫杉之下

古老的石碑与基石

表明了主人的身份

威斯敏斯特教堂，伦敦。

Westminster Abbey, London.

玛格丽特·博福特，里士满和德比伯爵夫人。铭文由伊拉斯谟创作（译自拉丁文）。

里士满的玛格丽特，亨利七世之母，亨利八世祖母。她资助此修道院的三名修道士，在温伯恩建立语法学校，资助一名足迹遍布英国的传教士，资助两名《圣经》翻译者，牛津与剑桥各一名。她也于剑桥建立了两所学院，分别为基督学院与圣约翰学院（圣约翰为基督门徒）。逝于公元1509年6月29日（古罗马历7月3日）。

圣母百花圣殿，佛罗伦萨市，意大利。

Basilica di Santa Maria del Fiore, Florence, Italy

约翰·霍克伍德爵士（约 1320—1394 年），一名活跃在意大利的英国雇佣兵（在意大利他被称为乔凡尼·阿库托）。铭文来自保罗·乌切洛（译自拉丁文）。

约翰·霍克伍德，英国骑士，他是所在时代最为谨慎的领袖，也是最精通战争艺术的人。

圣马格努斯烈士教堂,伦敦(部分)。

St Magnus the Martyr, London (partial).

纪念

迈尔斯·科弗代尔

他使人确信

纯粹的圣道

应是我们信仰的

唯一准则

并指导我们的实践

他努力诚挚地

使圣道传播

他提供了一种可能

让人们能以自己的语言

去诵读或聆听

主的杰出作为

受益之人不仅有同胞

也有一些身处黑暗中的国家

和所有的教堂

无论他们是否说英语

他数十年如一日

投身《圣经》翻译

1535 年 10 月 4 日

第一版《圣经》的完整英文印刷版

在他的指导下出版

圣邓斯坦教堂,坎特伯雷市,肯特郡。

St Dunstan, Canterbury, Kent.

此地之下是
罗珀家族的墓地
其中埋葬着
托马斯·莫尔爵士的头颅
和其承载的辉煌记忆

1535 年 7 月 6 日
这位曾任英国大法官之人
于塔丘被斩首
"愿英国之教会享有自由"

圣乔治教堂,温莎镇,伯克郡。

St George's Chapel, Windsor, Berkshire.

在这大理石板下方

地下室中

存放着如下人士之遗体

简·西摩王后亨利八世国王之妻

逝于 1537 年

亨利八世国王

逝于 1547 年

查理一世

逝于 1648 年

以及

安妮王后的一名婴儿

威斯敏斯特教堂，伦敦。

Westminster Abbey, London.

伊丽莎白一世（译自拉丁文，部分）。

虔心纪念：宗教恢复起初始之纯净，和平尘埃落定，金钱恢复其本身之价值，国内叛乱得以平息，法兰西从内乱中得以脱身；尼德兰得到支持；西班牙无敌舰队被征服；爱尔兰几乎沦陷反叛者之手，又因西班牙人而有喘息之机；两所大学之收入据法律规定而增加；以及最后，全英格兰皆富裕充实。

伊丽莎白，在位 45 年，最谨慎之统治者，奏响凯歌吹响胜利号角之女王，最严格遵守宗教之人，最为幸福快乐之人。在其 70 岁之际她平和地与世长辞。她之灵魂离开凡体,直至依照基督之语上升至不朽。她之遗体存放于此教堂,此处为她所建,亦是她生前最后时刻所在。她逝于1602年3月24日,在位45年,享年70岁。

莱斯特大教堂,莱斯特郡。

Leicester Cathedral, Leicestershire.

理查德三世的尸骨被发现于一座停车场下方,此地曾为莱斯特的格雷福瑞斯修道院教堂。2015年3月,他被重新安葬于莱斯特大教堂,上面是他的座右铭。

理查德三世

1452—1485

忠诚将我束缚

宽街，牛津，牛津郡。

Broad Street, Oxford, Oxfordshire.

在此处对面
宽街中心的
十字路口附近
休·拉蒂默
曾任伍斯特主教，
尼古拉斯·里德利
伦敦主教，
托马斯·克兰麦
坎特伯雷大主教
三人于 1555 及 1556 年
被处火刑，以身殉道

圣伊莱斯教堂,跛子门,伦敦。

St Giles, Cripplegate, London.

马丁·弗罗比舍骑士阁下

约克郡诺曼顿人士

1535—1594

被安葬于此教堂

他是西北航道的探索者

1576-7-8

因雷厉风行

击败西班牙无敌舰队

而闻名于世

圣母玛利亚教堂，摩特雷克区，伦敦。

St Mary the Virgin, Mortlake, London.

在此处附近

栖息着约翰·迪伊的遗体

圣职人员

1527—1609

天文学家，地理学家

数学家

女王伊丽莎白一世之顾问

西德尼苏塞克斯学院,剑桥。

Sidney Sussex College, Cambridge.

于此处附近

1960 年 5 月 25 日

安葬了**奥利弗·克伦威尔**的头颅

英格兰,苏格兰,爱尔兰

他是联邦的守护神

亦是本学院 1616 级的学生

圣玛格丽特教堂，威斯敏斯特。

St Margaret, Westminster.

本教堂的圣坛里安葬着
伟大的爵士沃尔特·罗利骑士的遗体
1618 年 10 月 29 日
他于威斯敏斯特旧宫院被斩首
并于当天被葬在此处

读者——你当反思其过
并铭记其功
他亦是凡人

圣保罗大教堂,伦敦。

St Paul's Cathedral, London.

此为菲利普·西德尼爵士的墓志铭,之前位于一块挂于柱子的石碑之上。

英格兰,荷兰,天堂,艺术,士兵,世界
这六个部分组成了他的世界。
高尚的**西德尼**!没有人能想象
一小堆石头就可将**西德尼**包围埋葬
英格兰将他孕育,塑造了他的身躯,
尼德兰将他荫蔽,血液输进他身体;
他的灵魂已升入天堂,作品享誉艺术殿堂
士兵因他逝去而悲伤,他的名声万古流芳

威斯敏斯特教堂,伦敦。

Westminster Abbey, London.

啊,世间稀有的本·琼森

圣尼古拉斯教堂,德特福德格林,伦敦。

St Nicholas, Deptford Green, London.

此处附近栖息着
克里斯托弗·马洛的遗体
1593 年 5 月 30 日
他于德特福德英年早逝

"本会长得笔直的枝条被斩断了"
——浮士德博士

圣三一教堂，埃文河畔斯特拉特福。

Holy Trinity, Stratford-upon-Avon.

威廉·莎士比亚。

亲爱的朋友蒙主仁厚
莫挖掘尘土下的灵柩
护我墓地者将得保佑
动我尸骨者必受诅咒

圣保罗大教堂，伦敦。

St Paul's Cathedral, London.

据说此铭文是在约翰·多恩葬礼后的第二天，刻在他墓地上方的一面墙上的。

读者啊，让我来告诉你，
多恩的遗体在下面栖息；
正因他的灵魂注入坟墓，
大地将比天空更为丰富。

皇家天文台，格林威治，伦敦。

Royal Observatory, Greenwich, London.

此铭文自伦敦李格林区圣玛格丽特教堂迁移而来（译自拉丁文）。

此墓碑之下，艾德蒙·哈雷与他最爱的妻子一同安眠。哈雷无疑是他所在的时代最为杰出的天文学家。读者如阅读他的作品，便知道这是一位怎样的人，以及他究竟有多么伟大了。在这些作品中，他几乎将所有的艺术与科学都提升、美化与增强了。

故此，他生前是一位深受同胞爱戴之人，逝后也将被心怀感激的子孙后代所铭记。他生于1656年，逝于1741年2月。此石碑于1742年由哈雷夫妇两位挚爱的女儿，献给她们杰出的父母。

圣保罗大教堂,伦敦(译自拉丁文)。

St Paul's Cathedral, London (tr. from Latin).

此处地基内

安息着克里斯托弗·雷恩,

这座教堂与城市的建筑师,

他活到了 90 岁以上,

生前不谋私利,而是奉献于公众利益。

读者,你若想寻找他的作品

只需环视四周。

他逝于 1723 年 2 月 25 日,享年 91 岁威斯敏斯特教堂，伦敦（译自拉丁文）。

Westminster Abbey, London (tr. from Latin).

艾萨克·牛顿在此处安息

第一教区教堂，昆西，马萨诸塞州。

United First Parish Church, Quincy, Massachusetts.

在这些墙体之下

存放着约翰·亚当斯的遗体

他是约翰与苏珊娜（博伊尔斯顿）·亚当斯之子

美国的第二任总统

生于 1735 年 10 月 30 日

1776 年 7 月 4 日

他赌上生命、财富与神圣的荣誉

奉献于国家的独立

1783 年 9 月 3 日

他签署了英国承认美国独立的最终条约

将曾经的赌注圆满赎回

1826 年 7 月 4 日

他被不朽的独立

与上帝的审判所召唤

此教堂将见证他的虔诚

他诞生的这座城镇将承载他的慷慨

历史将铭记他的爱国之心

后代将传承他思想的深度与广度

海拉弗全圣教堂,埃塞克斯郡。

All Saints, High Laver Church, Essex.

满怀感激

纪念约翰·洛克

1632—1704

他被安葬于此处

他的哲学体系指引着

美利坚合众国的创始人

此墓碑于 1957 年

由美国与英联邦协会竖立

蒙蒂塞洛庄园,夏洛茨维尔市,弗吉尼亚州。

Monticello, Charlottesville, Virginia.

托马斯·杰斐逊为他的坟墓留下了十分详细的说明,规定:墓地的"……方尖碑的正面刻如下铭文,其他的一个字也不要"。此铭文里没有提及他担任过两次美国总统。7月4日,他和约翰·亚当斯在数小时内相继去世。

"此处安葬着
托马斯·杰斐逊
《美国独立宣言》的作者
《弗吉尼亚宗教自由法令》的作者
弗吉尼亚大学之父
生于1743年4月2日
逝于1826年7月4日"

西点,纽约。

West Point, New York.

纪念

玛格丽特·柯宾

革命的女英雄

她被称为莫莉队长

1751—1800

在纽约城的华盛顿堡攻城战中,当其丈夫约翰·科尔宾被杀害时,她坚持用他的野战炮继续战斗,直至身负重伤。在那之后,国会通过法案,她获得了"服役士兵"的一半津贴。

她生前居住于哈德孙河岸边,靠近一座名为高原瀑布的村庄。她在那里逝世,也在那里被安葬。为了感谢她对自由事业所做出的贡献,铭记她的英雄事迹,她的骨灰被迁移至此。该纪念碑于1926年由美国革命之女全国协会在纽约州竖立。

威斯敏斯特教堂。

Westminster Abbey.

艾佛拉·班恩（1640—1689），剧作家、诗人、翻译家和小说家。

　　智慧从来无法抵御死亡的侵袭
　　栖息此处之人便可成为证明。

圣尼古拉斯教堂,切斯维克,伦敦。

St Nicholas, Cheswick, London.

威廉·荷加斯(1697—1764)。铭文由大卫·加里克所作。

永别了,人类伟大的画家
他已达到艺术的至臻之境
他画作的品性令人怒放心花
目之所及,可正尔心。

若他的天赋让你震撼,不妨多作停留,
若他的本性让你感动,不妨流下热泪:
若二者皆无法触动你,亦可转身就走,
因为此处存有,荷加斯的荣誉与骨灰。

威斯敏斯特教堂,伦敦。

Westminster Abbey, London.

此处安息着

亨利·珀赛尔阁下

他已离开尘世

去往那片

唯他的和善才可超越的

福佑之地

逝于 1695 年 11 月 21 日

时年 37 岁

温彻斯特教堂,汉普郡。

Winchester Cathedral, Hampshire.

纪念

简·奥斯汀

已故牧师**乔治·奥斯汀**的幺女

曾是本郡史蒂文顿的教区牧师,

在她用耐心和基督徒的希望

与疾病长时间搏斗之后

1817 年 7 月 18 日,

她与世长辞,时年 41 岁。

她内心的仁慈,

她美妙的吸引诱人的芬芳,还有

她思维的天赋异禀

使她深受所识之人的尊敬
以及亲密之人最温暖的爱

他们对她的感情越深就越悲伤
他们深知失去的已不可挽回,
但一个谦卑却坚定的希望
能让他们在最深的苦痛中获得安慰
希望她的施舍、奉献、信仰与纯洁
能使她的灵魂为**救赎者**所接纳

奇切斯特大教堂。

Chichester Cathedral.

此纪念碑镶嵌于地板中,上面显示着两颗行星。

此铭文引用自霍尔斯特的《耶稣赞美诗》。

古斯塔夫·霍尔斯特

1874—1934

天堂为我们创造音乐

海格特公墓,伦敦。

Highgate Cemetery, London.

逝者不朽

精神永存

此处栖息着
"乔治·艾略特"的遗体
她原名玛丽·安·克罗斯
生于 1819 年 11 月 22 日
逝于 1880 年 12 月 22 日

圣玛丽马达兰教堂,哈克纳尔·托卡德镇,诺丁汉郡。

St Mary Magdalen, Hucknall Torkard, Nottinghamshire.

乔治·戈登·拜伦,拜伦六世(1788—1824)。

1824 年 4 月 19 日
……他逝于希腊西部的米索隆吉,
他投身于一项宏图
试图恢复这个国家
古老的自由与名望。
他的姐姐,
尊敬的奥古斯塔·玛利亚·利,
竖立此碑以纪念他。

英国公墓,罗马。

English Cemetery, Rome.

珀西·比希·雪莱

心灵深处[*]

生于 1792 年 8 月 4 日

逝于 1822 年 7 月 8 日

他并未褪色消亡

不过是经历了大海的潮落潮涨

就此蜕变为富丽而珍奇的宝藏

---

[*] 此铭文引用自莎士比亚的著作《暴风雨》(I. ii. 402)

圣彼得教堂,伯恩茅斯,多塞特郡。

St Peter, Bournemouth, Dorset.

在此墓地
栖息着玛丽·雪莱的遗体
她是《弗兰肯斯坦》的作者
她的父亲威廉
是《政治正义论》的作者
她的母亲玛丽
是《女性权利》的作者
她的儿子珀西,及其妻子简
还有她挚爱的珀西·比希
他的丈夫
那位诗人

英国公墓,罗马。约翰·济慈(1795—1821)。

English Cemetery, Rome, on John Keats (1795–1821).

此墓地栖息着一位凡人
一位年轻的英国诗人
面对敌人的歹毒恶意
他心怀痛苦地逝去
渴望着
将这些词句刻在他的墓碑上

此地长眠者
声名水上书。

1821 年 2 月 24 日

圣玛丽教堂,斯卡伯勒市,北约克郡。

St Mary, Scarborough, North Yorkshire.

安妮·勃朗特

1820—1849

小说家与诗人

最初的墓志铭如下:

此处栖息着安妮·勃朗特的遗体

她是霍沃思约克郡现任牧师

P. 勃朗特的女儿

逝于 1849 年 5 月 28 日,时年 28 岁

以上内容有一处错误

安妮·勃朗特逝世时应为 29 岁

此牌匾由勃朗特协会

于 2011 年放置于此

圣博托尔夫教堂,赫尔普森村,剑桥郡。

St Botolph, Helpston, Cambridgeshire.

虔诚缅怀约翰·克莱尔
北安普敦郡的农民诗人
生于 1793 年 7 月 13 日
逝于 1864 年 5 月 20 日

此处安息着
约翰·克莱尔的
骨灰与希望

天生的诗人

维多利亚堤岸花园,伦敦。

Victoria Embankment Gardens, London.

铭文刻于罗伯特·彭斯(1759—1796)的雕像上。

当我在田地劳作时,祖国的诗歌天才发现了我,将她启迪人心的披风披在我身上。她命我用母语歌唱爱、喜悦、乡野风光与故土田野之乐。在她启迪之下,我谱写出质朴不羁的诗篇。

西部公墓,艾摩斯特市,马萨诸塞州。

West Cemetery, Amherst, Massachusetts.

艾米莉·迪金森

生于 1830 年 12 月 10 日

被召回于

1886 年 5 月 15 日

旧本宁顿公墓，本宁顿镇，佛蒙特州。

Old Bennington Cemetery, Bennington, Vermont.

罗伯特·李·弗洛斯特

1874 年 3 月 26 日至 1963 年 1 月 29 日

我与这个世界有过恋人般的争吵

圣迈克尔教堂，斯丁福德村，多塞特郡。

St Michael, Stinsford, Dorset.

此处栖息着功绩勋章获得者

托马斯·哈代的心脏

他是托马斯与杰迈玛·哈代之子

1840 年 6 月 2 日生于上博克汉普顿

1928 年 1 月 11 日逝于多尔彻斯特的马克斯门

他的骨灰安息在威斯敏斯特教堂的诗人角

拉雪兹神父公墓，巴黎。

Père Lachaise Cemetery, Paris.

奥斯卡·王尔德（1854—1900）。铭文出自《雷丁监狱之歌》(部分)。

> 异乡人为他泪涟，
> 哀悯如残破瓮罐，
> 悼念他者身孑然，
> 孑然者亦常哀叹。

邦希墓园，伦敦。

Bunhill Fields, London.

此纪念碑因基督教报社
呼吁英国众人募集资金而建成
它坐落于丹尼尔·笛福之墓上
是七百人联合出资的结果
1870 年 9 月

德拉姆克利夫村,斯莱戈郡,爱尔兰。

Drumcliff, County Sligo, Ireland.

冷眼对生死,

一骑过红尘。

威廉·巴特勒·叶芝

生于 1865 年 6 月 13 日

逝于 1939 年 1 月 28 日

圣劳伦斯教堂，拉德洛，什罗浦郡。

St Lawrence, Ludlow, Shropshire.

引用出自豪斯曼的诗《他们认为》

纪念阿尔弗雷德·爱德华·豪斯曼

牛津大学硕士

肯尼迪的拉丁文教授

剑桥大学三一学院研究员

《什罗普郡少年》的作者

生于 1859 年 3 月 26 日

逝于 1936 年 4 月 30 日

晚安

彻底的解脱

不朽的安宁

这些皆属于你

圣克罗斯教堂，牛津，牛津郡。

St Cross, Oxford, Oxfordshire.

肯尼斯·格雷厄姆（1859—1932），《柳林风声》的作者。

心怀美好地纪念

肯尼斯·格雷厄姆

埃尔斯佩思的丈夫

和

阿拉斯泰尔的父亲

1932 年 7 月 6 日

他蹚过人生的长河

与世长辞

留下

童年与文学

最幸福的一段时刻

写自其子

阿拉斯泰尔·格雷厄姆

基督教堂的平民

1920 年

全圣教堂,米恩斯泰德,汉普郡。

All Saints, Minstead, Hampshire.

真实如钢

正直如剑

阿瑟·柯南·道尔

骑士

爱国者,医生与作家。

1858 年 5 月 22 日至 1930 年 7 月 7 日

以及他挚爱的妻子

简·柯南·道尔

1940 年 6 月 27 日与他团聚

修道士之家,罗德迈尔村,刘易斯区,东苏塞克斯郡。

Monk's House, Rodmell, Lewes, East Sussex.

铭文引用自伍尔夫的小说《海浪》。

此树下安葬着

弗吉尼亚·伍尔夫的骨灰

生于 1882 年 1 月 25 日

逝于 1941 年 3 月 28 日

死亡就是敌人。

我要纵身扑向你,

绝不认输,永不屈服,

哦,死亡!

惊涛拍岸。

圣大雅各，老米尔弗顿村，沃里克郡。

St James the Great, Old Milverton, Warwickshire.

薇拉·玛丽·布里坦

生于 1893 年 12 月 29 日

逝于 1970 年 3 月 29 日复活节

《青春做证》的作者

"使人和睦之人会得福佑

他们将被唤作

上帝之子"

马修·V.

圣迈克尔教堂,东科克,萨默塞特郡。

St Michael, East Coker, Somerset.

"我向死而生"

心怀善意

为安息的灵魂祈祷

托马斯·斯特尔那斯·艾略特

诗人

1888 年 9 月 26 日至 1965 年 1 月 4 日

"我死即我生"

普兰帕莱斯墓地,日内瓦。

Cimetière de Plainpalais, Geneva.

豪尔赫·弗朗西斯科·伊西多罗·路易斯·博尔赫斯(1899—1986),英帝国爵级司令勋章获得者。

石碑的正面描绘了一群战士,并重现了古英语诗歌《马尔登战役》中的一句话:布里塞洛夫对他的年轻战士们说的("不应恐惧")。

石碑的背面描绘了一艘维京海盗船,以及古挪威《沃尔松格传说》中的一句话:希格尔德对布林希尔德说的("他把出鞘的格拉姆剑放在了两人之间")。博尔赫斯在其短篇小说《乌尔里卡》的开头引用了这句话。

乔治·路易斯·博尔赫斯
……不应恐惧

1899

1986

他把出鞘的格拉姆剑放在了两人之间

从《沃尔松格传说》到《乌尔里卡》

圣托马斯使徒教堂，赫普顿斯托尔市，西约克郡。

St Thomas the Apostle, Heptonstall, West Yorkshire.

纪念
西尔维娅·普拉斯·休斯
1932—1963

却能烈火种金莲[1]

---

1. 语出《西游记》中祖师对孙悟空说的话："月藏玉兔日藏乌，自有龟蛇相盘结。相盘结，性命坚，却能火里种金莲。"也常作"火中生莲"，比喻稀有或难得。

部分教区教堂,邓弗里斯和盖勒韦区,苏格兰。

Parton Parish Church, Dumfries and Galloway, Scotland.

詹姆斯·克拉克·麦克斯韦

英国皇家学会会员,爱丁堡皇家学会会员

格林纳尔

1831—1879

在短暂的一生里,他对物理学的诸多分支,

——热学,光学,力学,都有杰出贡献

更重要的是,他将电与磁的理论统一起来

为现代物理学、电工程学与天文学

奠定了坚实的基础

也为无线电通信与电视的发明开辟了道路。

柯克马洛里，莱斯特郡。

Kirkby Mallory, Leicestershire.

这是阿达·勒芙蕾丝（1815—1852）的两部分纪念牌中的第二部分。第一部分是她的十四行诗，也刻在了教堂墓地的石拱上，由阿达的母亲竖立。

数学家阿达

年幼时她始终聪慧而富有好奇心。在父母分离后，她和母亲在马洛里音乐厅的柯克度过了早年岁月。19 岁那年她嫁给了威廉·金勋爵，即之后的勒芙蕾丝伯爵。

阿达最著名的作品，是其 19 世纪 40 年代与查尔斯·巴贝奇合作的"分析引擎"。她是最早为这台设备编写程序并预测其影响的人之一，该设备被认为是现代计算机的先驱。美国国防部以她的名字命名了 ADA 计算机语言。

　　1852年，阿达因患癌症逝世，时年36岁。她被安葬于哈克纳诺特，父亲坟墓的旁边。阿达要求在碑上刻下她的十四行诗《彩虹》，于是其母亲拜伦夫人竖起这座纪念碑，以此纪念她。

萨克维尔公园,曼彻斯特。

Sackville Park, Manchester.

艾伦·麦席森·图灵

1912—1954

计算机科学之父

数学家,逻辑学家

战时密码破译者

偏见的受害者

海格特公墓,伦敦。

Highgate Cemetery, London.

卡尔·马克思

全世界的无产者

联合起来

哲学家们只是用不同的方式

解读世界

而问题在于

如何改变世界。

圣三一教堂,克鲁克汉姆山,肯特郡。

Holy Trinity, Crockham Hill, Kent.

奥克塔维亚·希尔
1838—1912
高尚的目标,明智的方法,坚定不移的信念与勇气
她毕生致力于改善身体状况
与恢复公民同胞的精神力量。
她是住房改革的先驱以及
全国历史文物与自然名胜托管协会的创始人。

威斯敏斯特教堂,伦敦。

Westminster Abbey, London.

此铭文由扎克瑞·麦考利撰写(部分)。

纪念

威廉·威伯福斯

……

近半个世纪以来,他身为下议院的一员,
也是那段时期的六个议会里,
约克郡两位代表之一。
在一个人才辈出的伟大时代与国度,
有一群人以自身印证了时代的伟大与美好,
而他是其中最杰出的人之一。

在上帝的祝福下

在不断的努力中

他为英国洗去非奴贸易的罪恶,

并为帝国在其每一个殖民地

废除奴隶制而铺平道路

他将为此名垂青史

在起诉这些事物时

他并非徒劳依赖上帝护佑;

而是在忍受巨大的毁谤与反对的进程中,

比所有的敌意都坚持得更长久;

在晚年的岁月,

他自公众的视野里退出

回归家人的怀抱。

但他的逝世并未被国家所忽视遗忘:

英国的同胞百姓,大法官与众议院主席,

纷纷自家中走出,加入庄严悼念的队伍,

伴随他去往栖息安葬之地。

在周围逝去的巨人中,

且在此安眠:直到在耶稣基督的福泽下,

在他唯一的救世主的保佑里,
(在他的日常生活中与著作里,他表达了对耶稣的赞美与崇拜,)
他将在正义的复兴中重生。

圣玛格丽特教堂，东韦洛，汉普郡。

St Margaret, East Wellow, Hampshire.

这是弗洛伦斯·南丁格尔的纪念碑，极为低调谦逊。

F. N.[1]

生于 1820 年 5 月 12 日

逝于 1910 年 8 月 13 日

---

1. 弗罗伦斯·南丁格尔。

圣马丁广场,伦敦。

St Martin's Place, London.

此纪念碑上的引文出自卡维尔对英国国教牧师斯特灵·加汉牧师所说的话。加汉牧师曾在卡维尔被处决前一晚拜访过她。她被安葬于诺威奇大教堂。

仁慈的

艾迪丝·卡维尔

布鲁塞尔

黎明

1915 年 10 月 12 日

爱国主义是不够的

我必须对任何人

都毫无憎恨与敌意

潍坊，山东省，中国。

Weifang, Shandong Province, China.

铭文位于一座花岗岩纪念碑上，花岗岩来自马尔岛，用以纪念埃里克·利迪尔（1902—1945）。他的故事被拍成了电影《烈火战车》。

埃里克·里德尔 1902 年出生于天津，父母是苏格兰人。他在 1924 年奥运会 400 米比赛中获得金牌，职业生涯达到顶峰。之后他回到中国，在天津当老师。里德尔曾被关押在一个集中营里，该集中营是如今的潍坊二中所在。1945 年日本战败前不久，他在此集中营中逝世。他展现了情同手足的美德，且一生都在鼓励年轻人，要尽其所能地为人类的进步做贡献。

但那等候耶和华的,必重新得力;
　　他们必如鹰展翅上腾,
　　他们奔跑却不困倦,
　　他们行走却不疲乏。

[《旧约》 40:31]

瓦尔哈拉公墓,伯班克,洛杉矶。

Valhalla Cemetery, Burbank, Los Angeles.

阿梅莉亚·埃尔哈特

生于 1898 年 7 月 24 日

逝于 1937 年 7 月 2 日

于 1932 年 5 月 20 至 21 日

独自飞越大西洋

于 1935 年 1 月 11 至 12 日

独自从火奴鲁鲁至加利福尼亚

首位飞越太平洋的飞行员

美国航空史上最著名、

最受喜爱的女性飞行员之一

帕拉帕拉何奥马教堂,基帕鲁,毛伊岛,夏威夷。

Palapala Ho'omau Church, Kipahulu, Maui, Hawaii.

查尔斯·A. 林德伯格
1902 年生于密歇根
1974 年逝于毛伊岛

"……若以清晨为翼,居于大海最深处……"

帕特尼维尔公墓,伦敦。

Putney Vale Cemetery, London.

铭文引用自图坦卡蒙的祝福杯。

霍华德·卡特

埃及古物学者

1922 年发现了图坦卡蒙之墓

生于 1874 年 5 月 9 日

逝于 1939 年 3 月 2 日

"愿你精神永存,千秋万载,

你所挚爱的底比斯城,

与你面朝北风比邻而坐,

目之所及即是幸福"

"啊,黑夜,你在我上方展开羽翼,宛如不灭的繁星。"

贝肯山（私人领地），海克利尔，汉普郡。

Beacon Hill (private plot), Highclere, Hampshire.

乔治·爱德华·斯坦霍普·莫利纽克斯

卡那封郡第五任伯爵

生于 1866 年 6 月 26 日

逝于 1923 年 4 月 5 日

1922 年 11 月

他与霍华德·卡特一起

发现了图坦卡蒙国王之墓

圣尼古拉斯教堂,莫顿,多塞特郡。

St Nicholas, Moreton, Dorset.

纪念亲爱的 T. E. 劳伦斯
牛津大学万灵学院研究员
生于 1888 年 8 月 16 日
逝于 1935 年 5 月 19 日
　现在是时候了
　当死人会听见
　神之子的声音
　　能听到者
　　将复活

威斯敏斯特教堂，伦敦。

Westminster Abbey, London.

此铭文位于休·卡思沃特·雷明希尔·道丁（1882—1970）的骨灰之上。第一任道丁男爵，1940年不列颠之战时任英国皇家空军战斗机司令部总指挥。他于第二次世界大战前建立了战斗机司令部，并在不列颠之战期间成功制定了防御战略，因此名垂青史。

道丁

空军上将

1882—1970

在他带领下

不列颠之战

以少胜多告捷

威斯敏斯特教堂，伦敦。

Westminster Abbey, London.

温斯顿·丘吉尔（1874—1965）与妻子葬于牛津郡布雷顿。

铭记

温斯顿·丘吉尔

1965 年 9 月 15 日

不列颠之战二十周年之际

主教与全体教士

按照女王与议会的意愿

竖此石碑

阿林顿公墓,华盛顿。

Arlington Cemetery, Washington.

约翰·F. 肯尼迪(**1917—1963**)。

所以,美国同胞们
不要问你的国家能为你做什么
问问你能为国家做些什么
全世界的公民们
不要问美国将为你做什么
而是我们能为人类的自由
共同做些什么

南景公墓,亚特兰大,乔治亚州。

South View Cemetery, Atlanta, Georgia.

牧师小马丁·路德·金

1929—1968

自由了,自由了
感谢全能的上帝
我终于自由了。

田庄公墓，爱丁堡，苏格兰。

Grange Cemetery, Edinburgh, Scotland.

铭文中的"战争"指的是 2003 年入侵伊拉克。

罗宾·库克

国会议员与政治家

生于 1946 年 2 月 28 日

逝于 2005 年 8 月 6 日

盖纳挚爱的丈夫

克里斯与彼得

深切思念的父亲

"我或许没有成功制止伊拉克战争，但我确保了国会在此事上做决定的权力。"

沃斯顿莱恩公墓,伯明翰。

Warstone Lane Cemetery, Birmingham

约翰·巴斯克维尔(1706—1775),印刷商(部分)。

陌生人
在这并不算神圣之地的圆锥体下方
有位崇尚人类自由的朋友在此被埋葬
愿他能助你解放思想
不再因迷信滋生无意义的惊惶
不再为祭司的邪恶伎俩而慌张

圣彼德公墓，尼耶里镇，肯尼亚。

St Peter's Cemetery, Nyeri, Kenya.

铭文后是童子军的标志（圆圈中间有一个圆点），写着"我回家了"。

罗伯特·巴登·鲍威尔

世界童子军总领袖

生于 1857 年 2 月 22 日

逝于 1941 年 1 月 8 日

奥拉夫·巴登·鲍威尔

世界童子军总指导

生于 1889 年 2 月 22 日

逝于 1977 年 6 月 25 日

威斯敏斯特教堂，伦敦。

Westminster Abbey, London.

1882—1976
西比尔·桑代克女爵，荣誉勋爵
刘易斯·卡森爵士之妻

扮演圣女贞德或是赫卡柏
你是同时代的杰出女演员
举手投足将女性气质诉说
你的舞台广阔如整个世界

为每一个美好的目标
你舌灿莲花尽情绽放
数年以来不断横扫

青年一代各类奖项

如今书架上的剧本
　正在淡去墨迹
我们为你最好的角色庆祝
　那便是——你自己

欢呼远去，灯光渐暗
　但这部分并不属于
　　基督教的精神
　而是伟大慷慨的心

圣伦纳德教堂，肖迪奇区，伦敦。

St Leonard, Shoreditch, London.

詹姆斯·伯比奇（1530—1597）。

在神的荣耀下，在对剧院演员、音乐家及其他人员为英国舞台剧所做贡献的认可中，我们竖立此石碑，以纪念被安葬于此教堂的上述相关人士。

特别纪念以下人员：

詹姆斯·伯比奇

逝于 1597 年

他是一位木匠

也是莱斯特国王剧团团长

他于 1576 年在肖迪奇区

建造了英国第一所剧场

他将其称为剧院

萨瑟克大教堂,伦敦。

Southwark Cathedral, London.

碑上画着环球剧院的图像。

感谢

山姆·沃纳梅克

英帝国二等勋位爵士

演员

导演

制片人

1919—1993

他的愿望

是在此教区

泰晤士河畔

重建

莎士比亚的环球剧场

高特格林火葬场，伦敦。

Golders Green Crematorium, London.

"生活是一种心态"
永远怀念亲爱的
彼得·塞勒斯
英帝国二等勋位爵士
1925—1980

高特格林火葬场,伦敦。

Golders Green Crematorium, London.

艾弗·诺韦洛
我们再也看不到像他这样的人了

草莓园,中央公园,纽约。

Strawberry Fields, Central Park, New York.

约翰·列侬(1940—1980)。

想象

高特格林火葬场,伦敦。

Golders Green Crematorium, London.

罗尼·斯科特

大英帝国勋章获得者

爵士音乐家

俱乐部老板

健谈,聪慧。

生于 1927 年 1 月 28 日

逝于 1996 年 12 月 23 日

他是我们这代人的领袖。

第四章

Elegiac, Poignant & Plaintive

悲伤，心酸，哀怨

圣尼古拉斯教堂，艾斯利普市，牛津郡。

St Nicholas, Islip, Oxfordshire.

威廉·肯特（1640 年）。

我曾经与你们一样
你们终将与我一样

据说位于坎伯威尔,伦敦。

Said to be in Camberwell, London.

一对双胞胎的墓志铭。

理查德·韦德,逝于 1810 年 10 月 21 日,时年 53 岁。
贾尔斯·韦德,逝于 1810 年 12 月 8 日,时年 53 岁。
他们一起来,
他们一起走,
现在他们还在一起。

斯汤顿·哈罗德,莱斯特郡。

Staunton Harold, Leicestershire.

罗伯特·舍里爵士(1629—1656),一位保皇派,他因在自己建的教堂里为牧师提供庇护,被送去伦敦塔监狱关押。

1653 年
当国内所有神圣之物
皆被拆毁或亵渎
罗伯特·舍里爵士,准男爵
建立了此教堂
对他最非凡的赞扬
是在最恶劣的时代做了最好的事
以及
给予最不幸的人些许希望
这份浩然正气将被永远铭记。

康科德，马萨诸塞州。

Concord, Massachusetts.

主赐予我们自由，人类却要奴役我们。
我会遵从主的意愿，践行主的使命。
此处安息着约翰·杰克
他是一名非洲人
逝于 1773 年 3 月，时年约 60 岁。

即使出生在被奴役的土地，
他生而自由。
他过着奴隶的生活，
直到他用诚实及劳力，
获得了赎身的资本，
以此换得了他的自由。

然而不久以前,
死神这位暴君,
给予了他最后的解脱,
并让他与君王平等。
纵使奴隶的身份本带有劣根性,
他却践行了种种美德,
若没有这些美德,君王也不过是奴隶。

罗马，公元前 1 世纪（译自拉丁文）。

Rome, first century bce (tr. from Latin).

盖乌斯·霍斯蒂乌斯·庞菲勒，

一位医学博士，被解放的盖乌斯男奴，

他买下此纪念碑

献给自己和内尔皮娅·海姆尼斯，

被解放的马库斯努女奴；

也献给所有被解放、获得自由之人

及其子孙后代。

这永远是我们的家，

我们自己的农场与花园，

这是我们的纪念碑。

据说位于圣玛丽教堂,福克斯顿,肯特郡。

Said to be in St Mary, Folkstone, Kent.

纪念

丽贝卡·罗杰斯

逝于 1688 年 8 月 22 日

时年 44 岁

她有个房子,修葺得时尚好看。

租户可不应该支付装修的钱款,

房东也并不能给她坐地涨钱,

或是在收不上租子的时候将人家轰去门外。

从上到下,从里到外,整个房子都不收钱,

这样的好事,落不到租户头上来。

圣日耳曼大教堂（遗址），皮尔城堡，马恩岛。

St Germain's Cathedral (ruins), Peel Castle, Isle of Man.

塞缪尔·鲁特博士，索多和马恩的主教。此铭文据说是他自己撰写的（译自拉丁文）。

我从蠕虫兄弟那里借来这屋子，
我，塞缪尔，栖息于此，
奉神旨意，
成为这座岛的主教。
读者，停下；
注视主教的宫殿，
并报以微笑吧！
他于 1662 年 5 月 30 日逝世。

美国纪念公园公墓。

American Memorial Park Cemetery.

大草原城,达拉斯县,得克萨斯州。

Grand Prairie, Dallas County, Texas.

瑞奇·W. 克罗斯

生于 1950 年 10 月 31 日

逝于 1994 年 11 月 20 日

他的一生终结于美国

那是流浪者的国度

圣玛丽教堂，切普斯托，蒙茅斯郡。

St Mary, Chepstow, Monmouthshire.

亨利·马丁，签署了查理一世死刑令的法官之一，并写下了自己的墓志铭（部分）。

1680 年 9 月 9 日
一位真正的英国人被葬于此。
他热爱国家的自由如爱自己的一样，
因此在伯克郡声名响亮，
他被囚禁了整整二十载，
才有时间用笔来抒怀。

老北桥,康科德,马萨诸塞州。

Old North Bridge, Concord, Massachusetts.

国王第四步兵团的士兵,于 1775 年 4 月 19 日在附近逝世。铭文来自一首诗,作者为马萨诸塞州坎布里奇的詹姆斯·罗素·洛厄尔(1819—1891)。

这是英国士兵们的坟墓

他们为保持王权不凋零

跋涉三千英里,生命在此终结

1775 年 4 月 19 日这天

他们的英国母亲悲恸低吟

茫茫海潮隔绝,他们永远无法听见

里奇菲尔德镇,康涅狄格州。

Ridgefield, Connecticut.

为捍卫美国的独立
1777 年 4 月 27 日
八位爱国者牺牲于
里奇菲尔德战役
他们栖息于此
身边是 16 名英国士兵
生时是敌人,死后成客人
为纪念八人的奉献与牺牲
竖此纪念碑以鼓舞人心

华盛顿广场,费城,宾夕法尼亚州(部分)。

Washington Square, Philadelphia, Pennsylvania (partial).

自由是一盏灯

多少人为此在黑暗中死去

在这广场的无名冢内

栖息着成千上万

华盛顿军队的无名英雄

在独立战争期间

他们被伤口与疾病折磨

失去了生命

坎特伯雷大教堂，肯特郡。

Canterbury Cathedral, Kent.

铭记
1944 年 6 月 6 日
在进攻欧洲西线战场时
牺牲的成千上万盟军
他们抢滩登陆诺曼底
攻下了剑滩、朱诺、
金滩、奥马哈、犹他五处海滩
由此开启欧洲
重返自由的序幕

肖勒姆飞机博物馆，赛文欧克斯区，肯特郡。

Shoreham Aircraft Museum, Sevenoaks, Kent.

纪念
1939 年 10 月
与 1945 年 3 月间
在不列颠群岛上空作战
而阵亡的德国空军
愿他们安息

希腊

Greece

在温泉关战役中牺牲的 300 名斯巴达勇士。铭文出自凯奥斯岛的西摩尼得斯,约公元前 480 年。

异乡的过客啊,请给斯巴达人带话
我们长眠此地,是为了效忠国家

此铭文位于亚得里亚海维斯岛英国战争公墓中的纪念碑，作者 A.E. 豪斯曼，写于 1919 年。

长眠此地，只因我们并未选择活下去
那会使孕育我们的土地蒙羞受侵。
生命，诚然，不可轻易失去，
但年轻人无所顾虑，而我们恰好年轻。

索尔兹伯里大教堂，威尔特郡。

Salisbury Cathedral, Wiltshire.

"当最糟糕的事情来临，
他会在战壕上下为士兵欢呼，
当最危险的情况降临，
他会以最可爱的笑容面对。"

以自豪之情永远铭记
爱德华·温德汉姆·特兰特
近卫掷弹兵第四营成员
格林康纳勋爵与夫人的长子
1916 年 9 月 22 日逝于索姆河战役，时年 19 岁。
他将俗世生命献给了他非常重视之物：
国家与家庭的荣誉

🎵

希腊。

Greece.

铭文写给在维奥蒂亚战役中阵亡之人(公元前 338 年)。

啊,时间,无所不能的万物之神,请把我们命运的消息传递给所有人,为了守护希腊的神圣土地,我们长眠在了著名的维奥蒂亚平原上。

铭文位于希腊斯基罗斯岛的一块大理石上。

On a marble plaque on the isle of Skyros, Greece.

一位诗人被葬在那里。

鲁珀特·布鲁克 1887—1915

如果我死去,不妨只这样想我:
我能在异国他乡的土地
永远为英国占据一个角落
更丰富的尘埃隐在那富饶的土壤里;
是英国将其承载、塑造、唤醒,
她曾将鲜花奉献给爱,为漫步提供道路。
我流淌着英国的血,呼吸着英国的空气。
河水冲刷我的身体,家乡的太阳赐予我祝福。

想想,这颗心,已摆脱所有邪恶,
永存脑海的脉搏,依旧
以英国赋予的思想在思考着她;
她的音容笑貌;梦想与她一起的快乐;
梦想着欢笑,友人的学习;和温柔,
在平静的内心里,在英国的天空下。

圣马修教堂，提格沃斯村，格洛斯特郡。

St Matthew, Twigworth, Gloucestershire.

艾弗·格尼

作家

诗人

《赛文与索姆》

的作者

1890—1937

伊普尔，法国。

Ypres, France.

少尉

阿瑟·康威·杨

逝于 1917 年 8 月 16 日

加入皇家爱尔兰燧发枪团

1890 年 10 月 9 日

生于日本神户

"以战止战"这一谬论的

牺牲品

鲁迪亚德·吉卜林在其子约翰死于第一次世界大战后,为英联邦战争公墓委员会竖立此碑(撰写此铭文)。该铭文在两次世界大战中被广泛使用,用以纪念身份无法识别的牺牲士兵。

一位世界大战中的士兵。
他的所作所为上帝知道。

观测丘,罗斯岛,南极洲。

Observation Hill, Ross Island, Antarctica.

铭文位于一木制十字架上。

引文出自阿尔弗雷德·丁尼生的《尤利西斯》。

纪念

R. F. 斯科特上尉,皇家海军

E. A. 威尔逊医生

L. E. G. 奥兹上尉

H. R. 鲍尔斯中尉

1912 年 3 月

他们在

自南极返回途中

去世

去奋斗,去探索,去发现,勿言弃。

圣玛丽教堂，盖斯丁索普，埃塞克斯郡。

St Mary, Gestinghorpe, Essex.

纪念
一位非常英勇的绅士
劳伦斯·爱德华·格蕾丝·奥茨
恩尼斯基林龙骑兵团上尉
生于 1880 年 3 月 17 日
逝于 1912 年 3 月 17 日
在斯科特南极考察队返回途中
当所有人都被艰难险阻所困扰
身受重伤的他冲进暴风雪
怀着以生命换取同伴安全的希望牺牲
***
此碑于公元 1913 年由他的战友们竖立于此，以表达对他深切的怀念。

古利德维肯,南乔治亚岛。

Grytviken, South Georgia.

铭文上刻着一颗星。引文位于石碑背面。

纪念
亲爱的
欧内斯特·亨利·沙克尔顿
探险家
生于 1874 年 2 月 15 日
1922 年 1 月 5 日进入永生
"我深信,
人当为毕生所求,
不懈奋斗。"

——罗伯特·勃朗宁

珠穆朗玛峰，绒布寺大本营附近，西藏，中国。

Mt Everest, near Rongbuk Base Camp, Tibet, China.

纪念

乔治·利·马洛里

安德鲁·欧文

1924 年 6 月 8 日最后见到两人

也纪念所有

在珠穆朗玛峰探险遇难的

英国先锋者

阿拉曼，埃及。

El Alamein, Egypt.

7907008 骑兵
G. F. 戈弗雷
沃里克郡的义勇骑兵队成员
1942 年 10 月 24 日逝世
时年 22 岁

对于世界而言
他只是一名士兵
可对我而言
他就是整个世界

爱乐音乐厅，希望街，利物浦，默西塞德郡。

Philharmonic Hall, Hope Street, Liverpool, Merseyside.

泰坦尼克号于4月15日沉没（不是14日）。

此墓碑用以纪念

W. 哈特利，迪尤斯伯里人

"乐队指挥"

W. T. 布莱利，伦敦人

R. 布里克斯，法国里尔人

J. F. 克拉克，利物浦人

J. L. 休姆，敦夫里斯人

G. 柯林斯，比利时列日人

P. C. 泰勒，伦敦人

J. W. 伍德沃德，黑丁顿人

"泰坦尼克"号船上的乐队成员

1912年4月14日

事发时,他们勇敢地

继续演奏音乐

以安抚乘客的痛苦不安

直到船沉没于深海

勇气与怜悯

使人蜕变为英雄

锦绣草坪公墓,哈利法克斯市,新斯科舍省,加拿大。

Fairview Lawn Cemetery, Halifax, Nova Scotia, Canada.

虔心纪念
埃弗雷特·爱德华·艾略特
英雄机组成员
1912 年 4 月 15 日
于"泰坦尼克"号执行任务时牺牲
时年 24 岁

当弱者纷纷离去时
每个人都坚守岗位
再次向世界展示了
英国人不畏惧牺牲

火葬场，黑丁顿城，牛津郡。

Crematorium, Headington, Oxfordshire.

纪念

海伦·乔伊·大卫曼

于 1960 年 7 月逝世

他是 C. S. 刘易斯

挚爱的妻子

这是整个世界（星辰，水，空气，

还有田野和森林，

它们映射在唯一的心灵中）

就像被脱下抛于身后的衣物

她在灰烬中，怀揣希望，

自圣洁的贫困里重生

之后或能在四月斋之境

于复活节时重启新生

第五章

Peculiar, Gothic, Whimsical & Absurd

🐚

奇异，哥特，古怪，荒诞

圣艾德蒙教堂,锡顿罗斯村,约克郡东赖丁。

St Edmund, Seaton Ross, East Riding of Yorkshire.

威廉·沃森(逝于 1857 年),享年 73 岁。他是一位农民,以及自学成才的测量师、制图师、天文学家和日晷的制造者。他的墓志铭是由自己所写。

我时常心情愉悦地来拜访这座教堂
以至于我做了一个日晷放在它墙上。

埃尔金大教堂,马里,苏格兰(遗址)。

Elgin Cathedral, Moray, Scotland (a ruin).

此处栖息着

约翰·尚克斯

他是埃尔金的鞋匠

逝于 1841 年 4 月 14 日

享年 83 岁。

他做了大教堂 17 年的

看门者与清洁工

就连执掌人都没有为

教堂的保护做些什么时

他用自己的双手

清理了数千立方码的垃圾

让立柱的基座重现天日

将雕刻的碎片收集整理
为教堂带来秩序与体面
但凡敬畏此教堂者
都将心怀敬意纪念此人

阿什尼斯桥，近凯西克镇，坎布里亚郡。

Ashness Bridge, near Keswick, Cumbria.

纪念
罗伯特·格雷厄姆·皮克斯
1889—1966
凯西克人士
1932 年 6 月 13 至 14 日
他在 24 小时内穿越了 42 座湖区山峰
此纪录维持了 25 年

圣尼古拉斯教堂，艾斯利普，牛津郡。

St Nicholas, Islip, Oxfordshire.

石碑的四周刻着查尔斯·考斯利的《动物卡罗尔》（基于中世纪的颂歌）里的公鸡、鸟、公牛和羊。每只动物面前的对话气泡里都有相应的拉丁文字，从公鸡开始。

基督出生	于何时？
	那天夜晚

纪念

葆拉·霍奇森

1981 年 1 月 16 日

哪里？哪里？	伯利恒

普雷图罗,近阿米特努姆,意大利。

Preturo, nr. Amiternum, Italy.

普罗托耶尼斯(约公元前165—前160年,译自拉丁文)。

此处栖息着快乐的老小丑
普罗托耶尼斯,克罗里尤斯的奴隶
他用自己的插科打诨
取悦了许许多多人

圣母玛利亚大教堂,伯克利,格洛斯特郡。

Minster Church, St Mary the Virgin, Berkeley, Gloucestershire.

乔纳森·斯威夫特,伯克利伯爵的专职牧师,也是他的小丑。

此处栖息着萨福克伯爵的小丑,
人们叫他迪克·皮尔斯,
当缺少抖机灵和欢乐时,
他负责扮傻逗人发笑,
可怜的迪克,唉,已经离去
现在哭又有什么意义?
还有许多迪克排着队逗你,
不久之后你就又会哈哈大笑了。
安葬于 1727 年 6 月 18 日
享年 63 岁

圣托马斯贝克特教堂,金斯布里奇,德文郡。

St Thomas Becket, Kingsbridge, Devon.

下方栖息着

罗伯特的遗体

他通常被称作博恩·菲利普

逝于 1793 年 7 月 27 日

享年 63 岁

应其要求加入以下文字:
我躺在圣坛门边
因为我兜里没钱
越往里面躺你得付得越多
但我躺这儿跟他们一样暖和

据称位于伍尔维奇,肯特郡。

Reported as being in Woolwich, Kent.

最后的对句据说是后来加上的。

年轻的读者在此路过,
现在的你是曾经的我,
现在的我定会是未来的你,
所以准备好追随我的足迹。

我不满足于追随你的足迹,
直到我知晓你将去向哪里。

基尔基尔镇，唐郡，北爱尔兰。

Kilkeel, County Down, Northern Ireland.

此处栖息着托马斯·尼克尔斯的遗体
他于 1753 年 3 月在费城去世。
如果他还活着，他也早就被埋在这儿了。

圣玛丽教堂，班伯里镇，牛津郡。

St Mary, Banbury, Oxfordshire.

纪念理克·理查兹。他因坏疽首先失去了一个脚趾，接着一条腿，最后于 1656 年 4 月 7 日失去了生命。

啊！残忍的死神，从一个人那里夺取三餐！
　　品尝，吃掉，直到把一切都啃食完。
　　但你要知道，暴君！当喇叭声响起，
　　他会找回双脚，在你将倒下时站立。

托普斯菲尔德镇，马萨诸塞州。

Topsfield, Massachusetts.

玛丽·勒斐文（逝于 1797 年，部分）。此外，据说也可能来自吉尔福德、彼得伯勒与"一个国家的教堂墓地"。

读者，告诉别人，别把时间浪费于
编写拙劣的传记和艰涩的韵律；
我现在是谁，且让这累赘的躯体说明，
而我曾经是谁，与你并无关系。

圣玛丽教堂,大威钦汉姆,诺福克郡。

St Mary, Great Witchingham, Norfolk.

纪念索·阿莱恩

威钦汉姆麦格纳人,绅士

1650 年 2 月 3 日

与两位妻子一同长眠于此

死亡让我占尽了优势,

你要是有两个老婆,也快点躺下加入我吧。

圣伦纳德教堂,斯特里汉姆,伦敦(逝于 1746 年)。

St Leonard, Streatham, London (d. 1746).

伊丽莎白,汉密尔顿少将的妻子
结婚 47 年,从没做过一件令丈夫生气的事。

圣埃尔芬教堂,沃灵顿,兰开夏郡。

St Elphin, Warrington, Lancashire.

玛格丽特·罗宾逊(逝于 1816 年),时年 38 岁。

这个姑娘没有

优雅的形体;

世间没有任何爱情能

玷污她纯洁的胸襟;

她脱离欺诈的男人

自此获得自由;

天堂会给予祝福

她依旧朴实无垢。

圣玛丽教堂,温布尔顿,伦敦(已不复存在)。

St Mary, Wimbledon, London (no longer extant).

桃乐茜·希尔,待字闺中。

圣菲利普教堂，伯明翰市，沃里克郡，英格兰。

St Philip, Birmingham, Warwickshire, England.

为了纪念曼尼塔·斯多克，

1819 年 5 月 4 日与世长辞，

时年 39 岁。

此王国中身形最小的女性，
也是最有成就的女性之一。
她的身高不到 33 英寸[1]。
奥地利本土人。

---

1. 33 英寸等于 83.82 厘米。

基督教堂,斯基普顿,北约克郡。

Christ Church, Skipton, North Yorkshire.

艾德温·卡尔弗特(部分)。

纪念已故的

艾德温·卡尔弗特

理查德·卡尔弗特之子

斯基普顿人士

(以"总司令"著称,

是世界上最矮小、最完美的男人,

身高 36 英寸以下,

体重 25 磅。[1])

他的逝世令所有认识他的人

---

1. 身高 91.44 厘米,体重 22.6 斤。

深感哀痛与遗憾
他于 1859 年 8 月 7 日去世
时年 17 岁

全圣教堂，马基特威顿镇，约克郡东赖丁。

All Saints, Market Weighton, East Riding of Yorkshire.

纪念威廉·布拉德利

约翰·布拉德利和安·布拉德利之子

马基特威顿人士

逝于 1820 年 5 月 30 日

时年 33 岁

此人身高

7 英尺 9 英寸

体重

27 英石 [1]

---

1. 身高约为 2.36 米，体重约 343 斤。

圣迈克尔与诸天使教堂,大沃尔福德,沃里克郡。

St Michael and All Angels, Great Wolford, Warwickshire.

此处栖息着老约翰·兰道尔,
　他有他独特的传说,
　一辈子活到古稀之年,
　　麦芽酒功不可没。
　他拿麦芽酒当肉吃,
　他拿麦芽酒当水喝,
　麦芽酒让他心脏苏醒;
　如果他多喝些麦芽酒,
　现在还活着也说不定;
他于 1699 年 1 月 5 日离去。

圣格雷戈里教堂，特希尔教区，多塞特郡。

St Gregory, Turnhill, Dorset.

约翰·沃伦，教区执事（逝于 1752 年）。

此石碑之下栖息着

露丝和老约翰两个

老约翰烟抽了一辈子

他的妻子同样如此

现在不用怀疑

他们的烟斗已不在手里

有人曾说得正儿八经

生命不过一支烟而已

即便你活到了七老八十

无外乎吞云吐雾这点事

普罗维登斯市,罗德岛州

Providence, Rhode Island.

以及其他许多地方。约翰·克尔(逝于 1835 年),时年 46 岁。铭文为法国诗人彼得·帕特里克斯写于克尔去世前夕。

我梦见自己被掩埋,
在我旁边的土地里,
一个平凡的乞丐躺在身边。
这样低劣的同伴伤了我的自尊,
我像是个有声望的尸体般哭喊出声:
恶棍走开,从今以后不要再碰我,
多守点规矩,腐烂在远处角落。
恶棍则用更傲慢的语气回敬,
骄傲的泥土之身,我蔑视你和你的话语:
这里一切平等,他们的地方已属于我;
这里是我腐烂之地,你滚去你的角落。

圣玛丽教堂,泰特伯里镇,格洛斯特郡。

St Mary, Tetbury, Gloucestershire.

在此下方的地下室
栖息着数位桑德斯家族的人
本教区已故人员:
——详情
将于最后一天公布。
阿门。

圣劳伦斯教堂,彻奇斯特雷顿,施罗普郡。

St Lawrence, Church Stretton, Shropshire.

纪念安·库克

托马斯·库克之妻

逝于 1814 年 6 月 9 日

时年 60 岁

在一个星期四来到世间

在一个星期四成为新娘

在一个星期四躺上病榻

在一个星期四摔断了腿

在一个星期四与世长辞

圣玛丽教堂，马瑟姆教区，诺福克郡。

St Mary, Martham, Norfolk.

克里斯托弗·布纳威（或伯拉威），他发现自己娶了继母爱丽丝·赖亚尔。

这里栖息着克里斯托弗·布纳威，
他于 1730 年 10 月 18 日去世，时年 59 岁。
这里也栖息着艾丽丝·赖亚尔
生前是我的姐妹、情妇、母亲和妻子。
她于 1729 年 2 月 12 日去世，享年 76 岁。

希腊。

Greece.

铭文写给一条喜爱的狗（约公元前 350 年，译自希腊文）。

经过此地之人，
如果你偶然看到这座纪念碑，
恳请你不要笑，尽管这是一条狗的坟墓。
请为我哭泣，满身尘土
主人手书。

毗邻塞缪尔·约翰逊的房屋,高夫广场,伦敦。

Adjacent to Samuel Johnson's House, Gough Square, London.

霍奇

"真是一只好猫"

它的主人

塞缪尔·约翰逊(1709—1784)

于高夫广场

纽斯特德修道院,诺丁汉郡。

Newstead Abbey, Nottinghamshire.

波兹旺恩,拜伦勋爵的狗。

此地附近
存放着一具遗体
美丽不虚荣,
强健不傲慢,
勇敢不凶猛,
拥有人的所有美德,却毫无恶习。
这样的赞美,若题于人类的骨灰上,
只是索然无味的奉承罢了,
但这其实是向**波兹旺恩**,一条**狗**,
表达敬意与怀念之情。
它于 1803 年 5 月生于纽芬兰,
1808 年 11 月 18 日逝于纽斯特德。

此墓位于忠犬墓园对面。

Opposite Greyfriars Kirkyard.

格雷弗里斯·鲍比,一只斯凯狗,生前会陪伴着守夜人约翰·格雷一起守夜。

向格雷弗里斯·鲍比

深情的忠诚

致敬

1858 年,这只忠心的狗

追随主人的遗体去到格雷弗里斯教堂墓地

在那附近徘徊逗留

直至 1872 年它也去世

此碑经许可

由男爵夫人博德特·库茨

竖立

阿德莱德小屋，浮若阁摩尔宫，伯克郡。

Adelaide Cottage, Frogmore, Berkshire.

此处栖息着达什

是维多利亚女王

最爱的猎犬

此纪念碑奉女王之命竖立

它逝于 1840 年 12 月 20 日

时年 9 岁

它对主人的依赖是无私的

它的嬉闹纯粹无邪

它的忠诚毫无欺骗

读者

若你想生前为人所爱，死时有人遗憾

就向**达什**学习吧

冰雪屋围场,斯特拉菲尔德塞伊别墅。

Ice House Paddock, Stratfield Saye House.

哥本哈根,第一任惠灵顿公爵亚瑟·韦尔斯利的马。

这里栖息着

哥本哈根

在滑铁卢战役

它整整一天都是

威灵顿公爵

的坐骑

生于 1808 年逝于 1836 年

上帝的卑微工具纵使化作泥浆,
也当分享那荣耀一日的辉煌。

安特里赛马场,默西塞德郡。

Aintree Racecourse, Merseyside.

"红色朗姆酒",获得过三次全国大赛冠军和两次亚军(部分)。

向此神圣之地
表达敬意
一匹传奇之马
终于找到了休息之地
它蹄奔若飞驰
令人精神高涨
赢得了我们对它永远不灭的爱

据说位于圣卢克教堂,切尔西,伦敦。

Said to be in St Luke, Chelsea, London.

子孙铭记。

在此处附近的地下室
栖息着**安妮**的遗体
她是法学博士**爱德华·张伯伦**唯一的女儿
1667 年 1 月 20 日生于伦敦
她,
在相当长的一段时间里,婚姻每况愈下时
谋划了许多她的性别年龄
或许无法胜任之事。
1690 年 6 月 30 日,
在哥哥的指挥下,

她全副武装，女扮男装

在一艘火攻船上与法国人无畏作战

六小时以上

证明了自己**巾帼不让须眉**。

如果命运没有过早介入，

她或许已向我们展示了一类英雄的范本。

自那次在海军服役后，她平安归来，

几个月后与**约翰·斯普雷格阁**下结婚

他们一起十分幸福地度过了半年，

数天后，

1692 年 10 月 30 日，

她在生女儿时去世。

此纪念碑由她哀伤的丈夫所竖立，献给他最最亲爱最深情的妻子。

据说位于霍斯利敦教区，

Said to be variously from Horsley-Down,

或坎伯兰郡，

Cumberland,

或诺森伯兰郡的一座教堂

a church in Northumberland and

或伦敦柏孟塞市的霍斯利敦教区。

Horsley-Down, Bermondsey, London.

托马斯·邦德及妻子玛丽之墓，
　　玛丽温和，纯洁，仁慈；
　　　　但
　　她也骄傲，易怒，激昂。
她是深情的妻子，温柔的母亲；
　　　　但
　　她所爱的丈夫与孩子，
鲜少看不到她那令人厌恶的皱眉；

可面对她瞧不起的来访者，她却能报以可爱的微笑。

她对待陌生人很谨慎，

但

在家中却独立洒脱；

出门在外，她的举止体现着良好教养；

但

在家中却是个暴脾气。

她声称厌恶阿谀谄媚，

很少称赞抬举别人；

但

她最突出的才能，

是听取不同意见，发现缺陷与不完美。

她勤俭持家令人钦佩，

给家人分配了不少钱，

毫无浪费；

但

省钱少用蜡烛损坏了家人的眼睛

有时她的长处会让丈夫高兴

但

更多时候她的短处让他苦不堪言

就此而言,他感到遗憾,

如果不考虑她的好,

一起生活了三十年,

从时长来算,

他婚后过的安稳日子总共还没两年。

察觉到她已对丈夫无爱,

也失去了邻居的尊敬,

仆人们还把家里的争吵说了出去。

1768 年 7 月 20 日,她在烦恼中逝去,

时年 48 岁。

在这之后,她精疲力竭的丈夫挺了 4 个月零 2 天,

于 1768 年 11 月 28 日逝世,

时年 54 岁。

逝者的兄弟威廉·邦德竖此石碑,

以每周监视本教区在世的妻子们,

她们能以此为鉴,

以免丑事记录在册,让子孙后代知晓,

弄得声名狼藉。

基诺沙公墓,威斯康辛州。

Kenosha cemetery, Wisconsin.

老宽轨

路易斯·克纳普

年事已高

已移居

与天上的妻子及其他朋友相逢

天堂之境:感谢上帝在他生活了三十年后

给予他对死亡足够的知觉

他是古今所有神学

欺骗性神话的异教徒

如同一位懒惰而自命不凡的祭司

以他人代价而放置的精美衣物

圣彼得教堂,波尔顿-勒-摩尔教区。

St Peter, Bolton-le-Moors.

著名的清教徒约翰·奥基。

主的仆人约翰·奥基
1608 年生于伦敦,1629 年来到此镇
1635 年与玛丽结婚
她是布赖特米特人詹姆斯·康普顿的女儿
两人舒适地生活了 20 年
育有四子六女
之后他形单影只直到离世
在他所处的年代
18 年的内战及可怕的海战
带来诸多巨变与灾难
英国王权八易其主

主教之位搁置 14 年

伦敦被天主教徒纵火焚烧[1]

又被建造得更为坚固

德国失去了 300 英里

20 万新教徒在爱尔兰被天主教徒谋杀

此镇三次被攻击一次被掠夺

他离开了,留下种种麻烦困难

安息后才在对耶稣基督纯洁的爱与信仰中

寻得快乐与幸福

他于 1684 年 4 月 29 日逝世

于同一天被葬于此处

主啊,快点到来吧

纯洁即人类之幸福

---

1. 1666 年伦敦大火案。

哥伦布城公墓，哥伦布市，得克萨斯州。

Columbus City Cemetery, Columbus, Texas.

艾克·托维尔（1849—1934）。

此处安息着

艾克·托维尔

一位无信仰者

不期望入天堂

不畏惧下地狱

不为迷信所扰

行对之事以爱待人

正义即是他信仰

圣迈克尔教堂，马格斯菲特市。玛丽·布鲁姆菲尔德。

St Michael, Macclesfield, on Mary Broomfield.

逝于 1755 年 11 月 19 日，享年 80 岁
在她一生的最后二十五年里
她最关心的就是
安排与准备自己的葬礼。
她最大的乐趣便是思考与谈论这场葬礼
多年以来，她靠每周 9 便士的养老金过活，
还存下了 5 英镑[1]，
她要求将这笔钱花费于自己的葬礼。

---

1. 相当于 1200 便士。

梅普尔格罗夫旧公墓,胡西克弗尔斯村,纽约。

Maple Grove Old Cemetery, Hoosick Falls, New York.

露丝·斯普拉格

吉布森与伊丽莎白·斯普拉格之女

逝于 1846 年 6 月 11 日

时年 9 岁 4 个月零 3 天

她被罗德里克·R. 克洛

从墓里盗走

并于纽约胡西克

P. M. 阿姆斯特朗的办公室被解剖

剩余的残缺遗体

被存放在了此处。

她的身体被恶魔般的男人解剖,
她的骨骼被拆解,
而她的灵魂,我们相信已升上天堂,
鲜有内科医生能到达那个地方。

阿尼克,诺森伯兰郡。一个神秘地点。

Alnwick, Northumberland. Mysterious.

此处栖息的人

马丁·埃尔斯芬顿

他用剑把哈利·克里斯普爵士女儿砍伤

他自己的女儿是克里斯普爵士的新娘

虽然她又胖又招人厌

但男人们有时挺善变

要吃大豆要吃肉

又爱胖来又爱瘦

伍德朗公墓，布朗克斯区，纽约。

Woodlawn Cemetery, Bronx, New York.

乔治·斯宾塞·米勒（1894—1909），办公室职员。

墨水橡皮擦是把锋利的刀，用来将油墨从纸上刮下来。

在都市生活大楼的办公室里

六位年轻女郎试图给他生日之吻

在回避她们的亲吻时

他摔倒在墨水橡皮擦上

失去了生命

佩科斯公园，佩科斯市，得克萨斯州。

Pecos Park, Pecos, Texas.

罗伯特·克莱·艾莉森

1840—1887

他从不杀不该杀之人

布希尔墓园，墓碑镇，亚利桑那州。

Boothill Graveyard, Tombstone, Arizona.

此处

栖息着

莱斯特·摩尔

这儿有四个懒汉

死在 44 mm 口径枪下

不多

不少

布特山公墓,亚利桑那州。

Boothill, Arizona.

乔治·约翰逊,被认为是偷了一匹马而被绞死,但之后发现他是合法买下了这匹马。

此处栖息着

乔治·约翰逊

他于 1882 年

被错误地

绞死了

他是对的

我们错了

但我们吊死了他

现在他

已经走了

拉雪兹神父公墓,巴黎。

Père Lachaise Cemetery, Paris.

西多妮·加布丽埃勒·科莱特,法国小说家与演员。

柯莱特

在此安眠

1873—1954

好莱坞永生公墓,好莱坞,加利福尼亚州。

Hollywood Forever Cemetery, Hollywood, California.

琼·哈克特

1934—1983

走开——我睡觉呢

韦斯特伍德村纪念公园,洛杉矶,加利福尼亚州。

Westwood Village Memorial Park, Los Angeles, California

杰克·莱蒙(1925—2001),演员与音乐家。

杰克·莱蒙

在此

韦斯特伍德村纪念公园,洛杉矶,加利福尼亚州。
Westwood Village Memorial Park, Los Angeles, California.

最好的尚未来临
弗朗西斯·阿尔伯特·辛纳特拉
1915—1998

韦斯特伍德村纪念公园,洛杉矶市,加利福尼亚州。

Westwood Village Memorial Park, Los Angeles, California.

比利·怀尔德(1906—2002),电影制作人,编剧,制片人,艺术家与记者。铭文引用自怀尔德的电影《热情如火》的最后一句台词。

比利·怀尔德
我是作家
然而
人无完人

韦斯特伍德纪念公园,洛杉矶市,加利福尼亚州。

Westwood Memorial Park, Los Angeles, California.

罗德尼·丹泽菲尔德(雅各布·科恩),喜剧表演者,演员(1921—2004)。

> 罗德尼·丹泽菲尔德
> 邻居来了。

西戈尼市，基奥卡克县，爱荷华州。

Sigourney, Keokuk County, Iowa.

爱德华·拉塞尔·甘恩

1917 年 7 月 19 日至 1983 年 11 月 10 日

"我宁愿身在阿卡普尔科！"

奥克兰公墓,沃伦市,宾夕法尼亚州。

Oakland Cemetery, Warren, Pennsylvania.

杜威·希尔

1899—1938

愿你将去之地

要比你去过的地方都好

A. H. 希尔——儿子,1982 年

芒特普利森特公墓，多伦多市，安大略省，加拿大。

Mount Pleasant Cemetery, Toronto, Ontario, Canada.

霍华德·W. 詹纳克

1926—2004

爱丑陋小狗的人

圣弗朗西斯德萨莱斯公墓,莱尼市,宾西法尼亚州。

Saint Francis De Sales Cemetery, Lenni, Pennsylvania.

伊丽莎白·M. 马库纳斯

1932—1993

"从未有人聆听过我"

萨莱公墓，盖恩斯维尔市，密苏里州。

Sallee Cemetery, Gainesville, Missouri.

约翰·麦基

生于 1913 年 12 月 16 日

逝于 1989 年 10 月 7 日

死因：

里根经济政策

雪松岭公墓,维克斯堡县,密西西比州。

Cedar Hill Cemetery, Vicksburg, Mississippi.

托马斯·M. 莫里西

生于 1929 年 5 月 4 日

逝于 1985 年 3 月 14 日

不喜柴米油盐

就爱风花雪月

雅茅斯古代公墓，马萨诸塞州。
Yarmouth Ancient Cemetery, Massachusetts.

玛丽·C. 多林西
1906—1995

愿捕鲸港的一些人
永远坠入地狱
他们不了解我，
却恶意中伤我。
愿上帝的诅咒
降临于他们身上。

贝丝·大卫纪念花园，好莱坞，佛罗里达州。

Beth David Memorial Gardens, Hollywood, Florida.

哈班德先生并未被葬于此花园，但他在这里拥有一块地，之后竖立了此石碑。石碑于 2004 年被移除。

赫尔曼·哈班德
1918 年
我妻子埃莉诺·亚瑟
在纽约皇后区
像公主般生活了 20 年
她带着最好的东西
环游世界。
当我双目失明时
她想毒死我，
带走了我所有的钱财和药物，

将我弃置于

黑暗、孤独与难受中。

我能逃脱真是个奇迹。

我不会在天堂见到她

　　因为她必将

　　　下地狱!

摩利亚山公墓,威瑟姆斯维尔,俄亥俄州
Mount Moriah Cemetery, Withamsville, Ohio.

约瑟夫·帕斯蒂·奥尔斯
他的死因是他妻子
9-16-73

圣托马斯教堂，温切尔西，东苏塞克斯郡。

St Thomas, Winchelsea, East Sussex.

为了获得奇切斯特教区的同意，盖尔语的铭文（米利根持有爱尔兰护照）必不可少。

爱，光，和平

特伦斯·阿兰·斯派克·米利根

二等英帝国勋位爵士，英帝国高级勋爵士

1918—2002

作家，艺术家，音乐家

人道主义者，喜剧演员

我告诉过你，我病了

里德湖公墓，坦普尔，得克萨斯州。

Reeds Lake Cemetery, Temple, Texas.

小哈里斯·乔治·W.
1927 年 5 月 31 日

我深知这天终将来临

第六章

Violent or Untimely Death

死于非命或英年早逝

全圣教堂,奥卡姆,萨里郡。

All Saints, Ockham, Surrey.

主看见了善意,当我身在树顶,
  从树上跌落了;
 我因此受挫,摔断了颈脖,
  死神也降临了。

斯坦顿哈考特教区,牛津郡。

Stanton Harcourt, Oxfordshire.

一对年轻的情侣在结婚前一周被闪电击中身亡。当时,亚历山大·蒲柏正在斯坦顿哈考特,他撰写了如下墓志铭。

此处附近栖息着

约翰·休伊特与萨拉·德鲁

他是本教区勤勉的年轻小伙

她是本教区善良的年轻少女;

二人已立下婚约

1718 年 7 月的最后一天

他们和其他人一起收割庄稼时

被闪电击中,当场身亡

不要以严谨的判断去思考
为何如此忠诚的伴侣会丧生；
逝者纯洁如斯，上天看到也微笑
然后在永恒的火焰里夺走他们。
好好生活，别怕突如其来的命运；
　　当上帝召唤逝者去墓地，
　　就如正义迟早会来临
　　怜悯也可拯救或致人死地。
　　不变的美德能聆听到召唤，
　　直面熔化火球的闪光绚烂。

霍华德街公墓,塞勒姆县,马萨诸塞州。

Howard Street Cemetery, Salem, Massachusetts.

纪念

小塞缪尔·斯克里上尉

布鲁克菲尔德人士

曾在一次旅途中

于周六下午四五点间

在这座城镇波普先生的马厩里

观察了一会儿马匹

突然被其中一匹马

踢到了肠子下方

于周日晚上

即 1808 年 10 月 23 日夜

去世,享年 36 岁。

圣玛丽教堂,斯沃弗姆布尔贝克,剑桥郡。

St Mary, Swaffham Bulbeck, Cambridgeshire.

虔心纪念

阿尔弗雷德·鲁尔

1870 年 8 月 18 日

一匹脱缰之马拉着车从他们身边经过

马车的轮子碾断了他的两条腿

数小时后他不幸离世

年仅 12 岁,

生死无界,世事无常。

邮差公园,伦敦。

Postman's Park, London.

威廉·德雷克
1986 年 4 月 2 日
在海德公园
当一位女士的马失控时
他通过折断了马车杆
为她避免了一场严重灾难
自己却因此丧生

邮差公园,伦敦。

Postman's Park, London.

弗雷德里克·阿尔弗雷德·克罗夫特
检查员。31 岁
1878 年 1 月 11 日
他在伍尔维奇阿森纳站
救下了一位企图自杀的
精神错乱女子
但自己却被火车碾过

旧第一教区，洛克波特，马萨诸塞郡。

Old First Parish, Rockport, Massachusetts.

纪念

上尉塞缪尔·戴维斯阁下

教会的执政长老

逝于 1770 年 8 月 25 日

时年 67 岁

他的四个儿子都在海上遇难

埃比尼泽，1746 年，21 岁

塞缪尔，1759 年，32 岁

威廉，1759 年，21 岁

亨利，1766 年，24 岁

旧墓葬山,普利茅斯,马萨诸塞州。

Old Burial Hill, Plymouth, Massachusetts.

詹姆斯·乔丹。1837 年 6 月 25 日,溺亡于冶炼池,
年仅 27 岁。
安葬于他本该结婚的那天。

邮差公园,伦敦。

Postman's Park, London.

威廉·唐纳德
贝斯沃特人,19 岁
铁路职员
1786 年 7 月 16 日
他在试图救一个
被危险的杂草缠绕的少年时
被茫茫草原淹没而亡

圣大詹姆斯教堂，雷德利，牛津郡。

St James the Great, Radley, Oxfordshire.

威廉·鲍耶中尉（1808 年逝世）。

他的职业水平高超
勇敢，正直，广受爱戴：
他的前途似乎光明灿烂
而正当万能的主高兴之时
他成了
西印度群岛气候的受害者。

埃克塞特大教堂,德文郡。

Exeter Cathedral, Devon.

虔心纪念
雷切尔·夏洛特·奥布莱恩,
她是第二十四陆军团
上尉 E. J. 奥布莱恩的妻子,
也是加拿大蒙特利尔人士
乔斯·弗罗比舍的女儿,
1800 年 12 月 13 日
她看见自己的宝宝身上着火,
便义无反顾冲进房间,
置自己安全于不顾
只想救她的孩子,
最后她衣服着火

不幸丧生

时年 19 岁

她牺牲了自己的生命,

保全了孩子的性命。

圣玛丽教堂，斯托克纽顿市，伦敦。
St Mary, Stoke Newington, London.

此墓由威廉·皮克特所建，
他是伦敦城的金匠，
建给他不幸去世的女儿
伊丽莎白

这是她极度痛苦的父母所表达的敬意
以纪念伊丽莎白·皮克特，未婚
年仅 23 岁。

由于前一晚上
她的衣服着火
这位年轻人令人惋惜地离世了

读者，若你也曾目睹过
这样的惨状，要记得灭火的唯一方法
就是立即用覆盖物把它遮住扑灭。

圣安德鲁教堂，索厄姆，剑桥郡。

St Andrew, Soham, Cambridgeshire.

仅以此碑纪念消防员 J. W. 奈特沃，乔治十字勋章获得者，以及司机 B. 金伯特，乔治十字勋章获得者的英勇行为。1944 年 6 月 2 日凌晨 1 点 43 分，两人在索汉姆站将一辆燃烧的货车从装满弹药的火车分离时，奈特沃不幸身亡，金伯特身受重伤。该车站被爆炸完全炸毁，造成了相当大的损失。

这些勇士的忠于职守，使索汉姆幸免更严重的损害。在大震动中，信号员布里奇斯在岗位上身亡，守卫员 H. 克拉克也遭遇不幸。

坚强一点，要像男子汉一样能牺牲自己！

圣卡斯伯特教堂，马尔顿-克利夫兰村，米德尔斯堡市。

St Cuthbert, Marton-in-Cleveland, Middlesbrough

三个男人把偷来的牛肉藏在一个山洞里，打算以后再回来拿。

立此碑以纪念 28 岁的罗伯特·阿姆斯特朗、39 岁的詹姆斯·英格利德与 27 岁的约瑟夫·芬逊。1812 年 10 月 11 日，三人冒险进入了马尔顿一口充满碳酸气体的井，不幸丧生。这次不幸的事故警醒着他人，不要冒险钻进井中，要先点燃蜡烛，试试看能否在井中燃烧。如果蜡烛能燃烧到底部，人们或许能安全进入；如果蜡烛熄灭，说明人类无法在井中存活。

塞勒姆县，马萨诸塞州（部分）。

Salem, Massachusetts (partial).

纪念艾伯纳·希尔先生

1806 年 10 月 25 日

他在受雇于一些生活事务时

从楼上摔下身亡

时年 23 岁。

多诺赫镇,苏格兰高地

Dornoch, Highlands, Scotland.

在小镇以东的偏远地区,森林的边缘。这是和霍乱有关的耻辱,因为石碑上记载了病情被否认之事。

此碑由 K. R. 竖立

以纪念他尽忠职守的父亲

父亲逝于 1832 年 7 月 24 日,时年 44 岁

当时他被认为是死于霍乱

但后来

却遭到了最著名的

医学工作者的反驳。

圣彼得与保罗教堂，旺塔奇教区，牛津郡。

SS Peter and Paul, Wantage, Oxfordshire.

在这堵墙和小路之间
安葬着 1832 年 9 月 29 日至 10 月 13 日
死于亚细亚霍乱的 16 人
这段时间里
此镇还有三人也因霍乱丧生，
疾病肆虐，最终被主仁慈地终结
只有他才能对瘟疫天使这样说：
"够了，住手。"
此碑于 1960 年 11 月重建

霍华德街公墓,塞勒姆县,马萨诸塞州。

Howard Street Cemetery, Salem, Massachusetts.

纪念

卢瑟·摩根先生

他是西斯普林菲尔德人士

卢卡斯·摩根阁下之子

他于 1808 年 1 月 29 日

在拜访朋友的途中

因肺痨而逝世

1 月 29 日,1808 年

邦希菲尔兹墓地,伦敦。

Bunhill Fields, London.

玛丽·佩吉夫人(1672—1728)被认为患有麦格氏综合征[1],她接受了大量治疗,以排出体内多余的液体。

此处栖息着玛丽·佩吉夫人

她是男爵格雷戈里·佩吉先生的遗孀

于 1728 年 3 月 4 日与世长辞

时年 56 岁

在 67 个月的时间里

她被拍打了 60 次

从体内排除了 240 加仑的水

但她从未有所抱怨

亦不畏惧手术治疗

---

[1]. 一种罕见妇科疾病,极易误诊,表现为卵巢良性实体肿瘤合并腹水或胸腔积液。——编者注

普利茅斯市,马萨诸塞州。

Plymouth, Massachusetts.

纪念汉娜·豪兰德小姐
她于 1780 年 1 月 27 日
逝于衰竭,时年 26 岁
他们为我们憔悴,为我们逝去,
他们的憔悴与逝去会是徒劳的吗?

圣安德鲁教堂,布拉姆菲尔德教区,萨福克郡。

St Andrew, Bramfield, Suffolk.

在哥哥爱德华与丈夫亚瑟的遗体下方
栖息着布里奇特·阿伯思韦特的遗体
她曾名布里奇特·纳尔逊。
她以难以置信的耐心承受了,
婚后生活的辛劳,
长达四年零三个季度差三周;
直到享受了光荣的自由
成为一位舒适而清白的遗孀,
过了四年多之后,
她决心冒险再次结婚
但死神对她提出了异议,
她患上了中风

（死神曾以中风夺走了她母亲的性命）

击中她大脑中最重要的部位

如果没有被她未来的丈夫

及时抓住支撑着,

她一定就直接倒地不起

（如同遭遇雷击）

看不见的瘀伤,

令她同生命的敌人,

搏斗了六十多小时

（但这"敌人"对于无助的老人来说,倒像是位仁慈的朋友）

在可怕的抽搐、悲伤的呻吟或昏沉的睡眠中

她的言语与感知没能恢复,

于 1737 年 9 月 12 日逝世

时年 44 岁。

丽贝卡护士庄园，丹弗斯镇，马萨诸塞州。

Rebecca Nurse Homestead, Danvers, Massachusetts.

这是塞勒姆女巫审判的受害者中，唯一遗体已被确认且埋葬地点得到证实之人。他的遗体最初被秘密葬于马萨诸塞的丹弗斯，1992 年建筑工人扰乱了墓地，发掘出了他的遗体，又将其重新安葬。

此处安葬着
老乔治·雅各布斯
的遗体
他逝于 1692 年 8 月 19 日
好吧！燃死我，或绞死我，
我将在基督的真理中站立。

鲁杰蒙城堡，埃克塞特，德文郡。

Rougemont Castle, Exeter, Devon.

德文郡女巫

纪念

节制的劳埃德

苏珊娜·爱德华兹

玛丽·特雷姆博兹

比迪福德人士，逝于 1682 年

爱丽丝·莫兰德

逝于 1685 年

最后一位因巫术

而被处决的英国人

在此受审，在黑维垂被绞死

希望结束迫害与偏狭

近圣巴托罗缪桥,罗马。

Near the Bridge of St Bartholomew, Rome.

克劳迪娅(约公元前 135—前 120 年,译自拉丁文)。

陌生人,我的讯息很短。站在旁边,把它通读一遍。
  这是一位可爱女人不可爱的坟墓。
  她父母给了她克劳迪娅这个名字。
  她全心全意地深爱她的丈夫。
  她生育两个儿子,把一个留在世间;
    把另一个置于地府。
  她谈吐迷人,且举止得体。
  她打理家务,做羊毛制品。
  这就是我最后要说的话。
    你继续上路吧。

圣保罗教堂,贝德福德,贝德福德郡。

St Paul, Bedford, Bedfordshire.

佩兴丝,沙得拉·约翰逊之妻
她有 24 个孩子,
最后于 1717 年 6 月 6 日
逝于产床上。
沙得拉!沙得拉!
佩兴丝是主对你的恩赐
她尽职尽责
耐心地长时间分娩
但她的耐心已然耗尽。
最后在分娩过程中离去,
时年 38 岁。
愿她安息,免受分娩之苦。

据说位于米格尔村,佩斯市。

Said to be in Meigle, Perth.

威廉·安德森的孩子们,1732 年。

当白发苍苍的老人有时可以,
逃脱残酷死亡的暴怒
年轻的人啊,唉!可能在风华正茂时,
从人生的舞台退出

啊,死神的猛烈打击多么凶残,
没有护林人会像他这样;
将正在生长的雪松砍断
把饱经风霜的朽木留藏。

塞勒姆县,马萨诸塞州。

Salem, Massachusetts.

这三个婴儿

是蒂莫西上尉和莉迪亚·佩琪之女

每一个都叫汉娜

她们分别逝于

1776 年 6 月 11 日

1777 年 10 月 17 日

1782 年 6 月 15 日

旧墓葬山,马尔布黑德市,马萨诸塞州。

Old Burial Hill, Marblehead, Massachusetts.

铭文位于四块结合墓碑之上,写给同一家庭的四个孩子。

理查德·	一个同一天	理查德·	玛格丽特·
斯蒂文斯	去世的女孩	斯蒂文斯	斯蒂文斯
逝于 1756 年	生于 1757 年	逝于 1758 年	逝于 1759 年
7 月 18 日,	6 月 10 日	7 月 18 日	10 月 21 日
仅 4 岁零		仅 1 岁零	仅 1 个月大
18 天		11 个月大	

太美好的被上帝带走,无法久居世间。

太丑陋的上帝不带走,祸害遗留千年。

据说位于利兹大教堂,约克郡。

Said to be in Leeds Minster, Yorkshire.

此石碑下栖息着六个小小的孩子,
他们是北厅约翰·威廷顿的孩子。
没有人能避免死亡。

圣安德鲁教堂,普利斯提恩镇,博伊斯市,威尔士。

St Andrew, Presteigne, Powys, Wales.

玛丽·摩根,**17** 岁,因杀害了自己刚出生的孩子,被定罪并处以绞刑。她被安葬于教堂附近一块并不圣洁的土地上。随后,此纪念碑与另一座纪念碑在教堂墓地中被竖立起来。

纪念玛丽·摩根。她年轻貌美,善解人意,性情温和,却因未受基督教义神圣真理的开化,成为罪恶与耻辱的受害者。她因杀害了自己的私生子,于 1805 年 4 月 11 日蒙羞而亡。

她仁慈的法官贾斯蒂斯·哈延格先生,以其能言善辩与人道的努力,使她起先感到了内疚与悔恨。在接下来的星期四,她以不加掩饰的忏悔,以及热切希望仲裁者以美德给予宽恕,经历了法律的判决。

    竖立此石碑的,不仅为了让人们永远怀念逝去的忏悔者,而且用以提醒人们,在没有宗教支撑的情况下,人性会有多么脆弱。

圣玛丽教堂，戈德曼彻斯特市，剑桥郡。

St Mary, Godmanchester, Cambridgeshire.

作为对年轻男女的警告

此石碑由公众捐赠

竖立在**玛丽·安·威姆斯**遗体之上

她在年幼时认识了

曾是本教区的**托马斯·威姆斯**

这种关系被义务婚姻所终止

二人结婚，但他很快抛弃了她

并希望与另一个女人结婚

在他决定谋杀自己妻子时

他的罪恶达到了极点

1819 年 5 月 7 日

他用和解来伪装自己

并引诱妻子从此地前往伦敦
途经温迪村时,残忍地犯下恶行
同年8月7日
在他罪名确立之后的几小时内
他被带走,审判
接着在剑桥被枪决

在你犯罪之前,先审视此石碑
向正义之神学习,别在他宝座上沉睡
明察秋毫,准确识别罪人恶行
让饱受折磨的受害者看到,让犯人偿命

内文村,彭布罗克郡。

Nevern, Pembrokeshire.

安娜,利蒂希娅和乔治,牧师雷夫·D. 格里菲斯(1783—1834)的婴孩(部分)。

> 他们尝到人生这杯苦酒;
> 还未将自己的那份全饮入喉;
> 便转过了他们小小的脑袋
> 厌恶这味道——自世间离开。

旧北教堂，波士顿市，马萨诸塞州。

Old North Church, Boston, Massachusetts.

约翰·皮特克恩少校

在邦克山战役

集结皇家海军陆战队时

身负致命伤

他的儿子背着他

自战场带他回船上

儿子吻了吻他，又回到自己的岗位

他于 1775 年 6 月 17 日逝世

遗体被安葬于本教堂之下

格林伍德公墓,圣奥尔本斯市,佛蒙特州。

Greenwood Cemetery, Saint Albans, Vermont.

约瑟夫·帕特里奇·布雷纳德

约瑟夫·H. 布雷纳

与妻子范妮·帕特里奇之子

他是一位尽责、忠诚、勇敢的联盟士兵

生于 1840 年 6 月 27 日

1862 年 8 月毕业于佛蒙特大学

应征加入佛蒙特骑兵队

1864 年 5 月 5 日

他在荒野中受伤,被反叛者俘虏

送往佐治亚的安德森维尔监狱

1864 年 9 月 11 日逝世

他被林肯总统完完全全忽略了

叛军杀害了他，却未受惩罚
还有我们成千上万忠诚的士兵
被饥饿、曝光与虐待折磨致死
却也不了了之。

圣玛丽教堂，亨斯坦顿镇，诺威奇市。

St Mary, Hunstanton, Norwich.

威廉·韦伯，第十五轻龙骑兵团。

我并未死亡，只是在此安眠，
当号角声响起，我就会出现。
四枚火药弹穿透我的身体，
那样坚硬，我连祷告都来不及。
你们看到的石碑在此地，
是战友们为了我而竖立。

全圣教堂，索思希尔教区，贝德福德郡。

All Saints, Southill, Bedfordshire.

拜恩海军上将（1704—1757），因未能"尽最大努力"为英国夺回梅诺卡岛，而遭到枪击。

致公共正义的永恒耻辱，

尊敬的约翰·拜恩海军上将，

1757 年 3 月 14 日

当勇敢与忠诚

不足以保障一名海军军官的

生命与荣誉时

他遭到了政治迫害

成为烈士。

圣玛丽教堂，贝弗利，约克郡东赖丁。

St Mary, Beverley, East Riding of Yorkshire.

铭文位于一座纪念牌上，上面交叉画有两把决斗的剑。

此处栖息着两个年轻的丹麦士兵
一个在争吵中偶然死去；
另一个根据他们自己的法律，
用剑在一瞬间结束了自己的生命。
1689 年 12 月 23 日

圣乔治教堂,约克郡。

St George, York.

约翰·帕尔默

又名理查德·托宾

臭名昭著的强盗和偷马者

于 1739 年 4 月 17 日在泰伯恩被枪决

并埋在圣乔治教堂墓地

圣迈克尔与诸天使教堂,瑟斯利教区,萨里郡。

St Michael and All Angels, Thursley, Surrey.

一个不知名的士兵,从伦敦走去朴次茅斯准备上船。他在一家酒吧前停下,为他遇到的三位水手——詹姆斯·马歇尔、迈克尔·凯西和爱德华·洛尼贡——付了食物和饮料钱。三人和他一起走,在途中袭击并谋杀了他,偷走了他的钱包与财物。在他们试图卖掉这位士兵的水手服时,被逮捕、审判、定罪,最后被绞死。

纪念

一位慷慨但不幸的水手

1786 年 9 月 24 日

在去往朴次茅斯的路上

他在欣德黑德

遇到三个恶棍

他对他们慷慨以待
并承诺给他们更多的帮助
却被他们残忍杀害

当怜悯的双眼看向我的坟墓
用一滴慷慨的眼泪沾湿此处
在此他们将读到我可悲的命运
它被谋杀与残暴完完全全占据
在我身体健康的大好年龄
我成了三个匪徒的牺牲品
我屈膝跪地求他们别再为难
他们的嗜血贪婪使恳求变为徒然
我们非亲非故,更不是好友知己
我痛哭流涕,收获悲惨的结局
慷慨的公众刻此石碑铭记
它竖于我悲伤的遗体上(无人知我姓名)

圣保罗教堂,汉默史密斯市,伦敦。

St Paul, Hammersmith, London.

此处安葬着

理查德·霍尼的遗体

木匠,时年 36 岁,

以及

乔治·弗朗西斯的遗体,

砖匠,时年 43 岁,

1821 年 8 月 14 日,

他们在参加英格兰女王

布伦瑞克的卡洛琳的葬礼时

被杀身亡。

那件不幸之事的细节

属于国家历史的一部分

它们将连同在那灾难性的一天
不讳言那可耻交易的公众舆论
一起被载入史册
他们的命运给人留下了深刻的印象
既不得当，又未能雪耻
他们各自的同行将二人
简单地埋葬
在同月的 24 日
竖此石碑以纪念他们

理查德·霍尼留下了一个遗孤女儿。
乔治·弗朗西斯留下了妻子和三个年幼的孩子。

权力或政党的残暴在张牙舞爪
各年龄都有这样的受害者跌倒
直到某天正义最终来临
能改善未来并昭雪过去
友人与同胞为他们的逝世而恸哭
保护他们遗孤，为他们修建坟墓

温彻斯特大教堂,汉普郡。

Winchester Cathedral, Hampshire.

纪念

托马斯·撒切尔

汉普郡军团第九军团的掷弹兵

1769 年 5 月 12 日

因天气炎热,他喝了淡啤酒

导致猛烈高烧身亡

时年 26 岁。

战友们怀着浓重的纪念之情

自费安置此石碑

作为他们情谊的微小证明。

此处安息着一名汉普郡的掷弹兵,

他因喝下冷的淡啤酒而不幸丧命；
士兵们要留意，从他的悲剧吸取教训，
当你热时，要么喝烈性啤酒，要么一滴不饮。

由于原墓碑被毁，这块墓碑在1802年04月26日被北汉普郡民兵组织取代，又在1966年被皇家汉普郡军团再次替代

圣母玛利亚教堂，莫珀斯市，诺森伯兰郡。

St Mary the Virgin, Morpeth, Northumberland.

艾米丽·戴维森，激进的妇女参政权论者，她曾多次被捕。在埃普索姆德比，她扑向了国王乔治五世的马，四天后因伤去世。铭文最后一行为妇女参政权论者的座右铭。

他为了朋友抛弃生命

这样伟大的爱世间无人能及

艾米丽·怀尔丁·戴维森

生于 1872 年 10 月 11 日

逝于 1913 年 6 月 8 日

行动胜于空谈

圣玛丽教堂,圣玛丽街,什鲁斯伯里。

St Mary, St Mary's Street, Shrewsbury.

让这小纪念碑记录下
以卡德曼之名
以及对于未来时代的声明
怎样从这高耸的塔尖飞过萨宾河
他因此遭遇了致命波折
并非是缺乏勇气或技巧
他才在完成任务时摔倒
不,不,是一根有误的绳子拉得太紧
催促着他的灵魂向高处飞去
而身体在此处下方静静睡去
1739 年 2 月 2 日,时年 28 岁

全圣教堂,波克灵顿教区,约克郡东赖丁。

All Saints, Pocklington, East Riding of Yorkshire.

纪念

托马斯·佩林

林肯郡伯顿斯塔瑟人士

他通常被称为"飞人",

他在此教堂顶端

顺着一根绳子下降时

被唱诗班所在的承重墙砸死。

这个致命的事故发生于

1733 年 4 月 10 日

他于同年 4 月 16 日被安葬,

安葬地恰好是他遇难之地。

圣三一教堂，米尔顿里吉斯村，肯特郡。

Holy Trinity, Milton Regis, Kent.

墓志铭似乎是写给一位在盖伊·福克斯之夜的庆祝活动中去世之人。

此处栖息着

小西蒙·吉尔克的遗体

他于 1696 年 11 月 5 日

死于焰火

时年 48 岁

此处还栖息着他妻子伊丽莎白的遗体

莱斯伯恩河，鲍尔教区，凯塞内斯郡，苏格兰。

Burn of Lyth, Bower, Caithness, Scotland.

纪念
此纪念碑用以致敬与纪念
皇家工兵突击队各级将士

澳大利亚皇家空军滑翔机飞行员
哈利法克斯"B"贝克的机组人员
编号7801，他在参加"新生行动"时
于挪威丧生

该行动的目的为摧毁
挪威维诺克生产重水的主要原料
以暂时阻止德国的原子弹研究。

"新生行动"于 1942 年 11 月 19 日夜晚开展

由两架"霍萨"滑翔机

被凯斯内斯郡皇家空军部的轰炸机牵引

仅一架哈利法斯克滑翔机独自返航

"我们会将他们铭记"[1]

不仅 11 月,我们会每天每月

永远铭记所付出的代价。

---

1. 这句话原文为挪威语。

马梅斯伯里修道院,威尔特郡。

Malmesbury Abbey, Wiltshire.

汉娜·特温诺伊,白狮旅馆的酒吧女侍,她被一只旅行动物园的野生动物袭击后去世。

纪念汉娜·特温诺伊

逝于 1703 年 10 月 23 日

时年 33 岁

在大好年华里

她突然被袭击,

凶猛的老虎夺她性命;

她却毫无防御的余地。

她会在这泥土的温床里休息,

直到复活日得以再度苏醒。

诺斯马文半岛，设得兰群岛，苏格兰。

Northmavine, Shetland, Scotland.

唐纳德·罗伯逊

生于 1758 年 1 月 1 日

逝于 1848 年 6 月 4 日

享年 63 岁

他是位安静温顺之人

显然是虔诚的基督徒。

他的逝世十分令人遗憾

因为克洛顿的劳伦斯·图洛克

犯了愚蠢的错误

将硝石当作泻盐卖给了他，

服用了一剂硝石的罗伯逊

于三小时后丧生

圣玛格丽特教堂,沃尔斯坦顿村,斯塔福德郡。

St Margaret, Wolstanton, Staffordshire.

萨拉·史密斯(逝于1736年)

是 C—s B—w
夺取了我的生命
亲爱的父母,不要为我悲伤
因为上帝会给予我这位朋友
半品脱的毒酒
他来看过我了
将这些话写在我的墓上
所有读到的人都能看见

据说位于圣伦纳德教堂,艾恩斯汉姆教区,牛津郡。

Said to be in St Leonard, Eynsham, Oxfordshire.

一个极可能因大瘟疫而丧生的家庭(这是鼠疫最后一次在英国大规模爆发)。

E. G. 汉考克,逝于 1666 年 8 月 3 日。
老约翰·汉考克,逝于 1666 年 8 月 4 日。
小约翰·汉考克,逝于 1666 年 8 月 7 日。
奥内尔·汉考克,逝于 1666 年 8 月 7 日。
威廉·汉考克,逝于 1666 年 8 月 7 日。
爱丽丝·汉考克,逝于 1666 年 8 月 9 日。
安·汉考克,逝于 1666 年 8 月 10 日。

第七章

Literary Epitaphs

书面墓志铭

据说是亚历山大大帝的墓志铭。

生前,整个天下尚不足矣;
逝后,一方坟冢已够安眠。

理查德·伯比奇（1568—1619），演员。威廉·莎士比亚的同事。

伯比奇退场

罗伯特·达德利（1532—1588）莱斯特伯爵。

撰写者为沃尔特·雷利爵士。

此处栖息着高尚的战士
他的剑是无用的装饰
此处栖息着高贵的朝臣
他说的话从不能当真

此处栖息着尊贵的阁下
整个国家都被他统治管理
此处栖息着莱斯特伯爵
整个世界都对他怀恨在心

约翰·威尔莫特,第二任罗契斯特伯爵(1647—1680),写给查理二世(1630—1685)。

我们偷腥的国王躺在这里,
他这个人实在不可信;
他说的样样都好听,
他做的件件是悲剧。

据说国王如此回答:"的确如此:因为话是我自己说的,而事是大臣们做的。"

托马斯·富勒(1608—1661)。

《英国贵族史》的作者,铭文是他自己提出的。

此为富勒之墓。

论威廉·沃克（1623—1684）

1655 年《英国粒子论》的作者。

沃克的粒子分布于此。

约翰内斯·开普勒（数学家，天文学家，1571—1630），墓志铭内容是他自己的提议（译自拉丁文）。

我曾测量天空，如今测量幽冥，
精神归于天国，身体长眠大地。

约翰·盖伊（1685—1732），剧作家。此铭文用于他在威斯敏斯特教堂的墓碑上。

生活是场玩笑，一切皆已证明；
我曾这般思考，如今已然明悉。

约翰·范布勒爵士(1664—1726)。墓志铭由诗人和建筑师亚伯·埃文斯(1679—1737)撰写。

范布勒最著名的建筑是布伦海姆宫和霍华德城堡。

读者,在此石碑之下发觉,
约翰·范布勒爵士的泥穴。
尘土!重重压在他身上
因为他将许多重物压在了你身上!

约翰逊博士（1709—1784）。

墓志铭由索姆·杰宁斯撰写。

此处栖息着可怜的约翰逊。读者！当心，
轻手轻脚，不要把熟睡的熊给吵醒。
他的确虔诚、端正、慷慨、仁慈，
但他也自命不凡、粗鲁与自私。
他缺乏教养，傲慢专横，
他是学者与基督徒，却也是残暴之人。
如果你想知道他所有的智慧与荒唐，
他的言行举止，欢乐悲伤，
传递他智慧的书商博斯威尔与司雷尔，
会告诉你他生前的处世为人。

塞缪尔·富特（1720—1777），演员，剧作家，喜剧演员。

此处栖息着一位富特[1]，
他虽然已离世，但他的死千万人都不愿看到。
"一双脚"踏进了坟墓，听起来晦气不厚道！

---

1. 此处使用了谐音双关。富特的英文名发音与"foot"（脚）的发音相同。

威廉·米基,克利什教区的校长。
铭文由罗伯特·伯恩斯(1759—1796)撰写。

此处栖息着威廉·米基的遗体;
啊,撒旦,当你带他走时,
让他结识你的孩子们,
他会让他们成为聪明的恶魔!

戴维·休谟(1711—1776)。

铭文为乔治·巴克利撰写。

这个圆形之物
通俗地称为墓,
墓里栖息的理念所想
构成了休谟

帕特里克·罗伯逊(1794—1855)。
铭文由约翰·吉布森·洛克哈特(1794—1854)撰写。

无与伦比的"彼得"勋爵栖息此地,
 他打破了上帝和人们的律法规矩。

本杰明·富兰克林（1706—1790），

  他为自己撰写了墓志铭。

本杰明·富兰克林，印刷工，
如同一本旧书的封面：
内容撕裂，金粉脱落，字迹模糊，
他栖息于此，为蠕虫之食。
但著作本身不会完全消失，
如他所坚信的那样，
在经过作者的修改校订后，
它会以更完美的新版本再度问世。

弗雷德里克，威尔士亲王（1707—1751），逝前为其父亲乔治三世的法定继承人，但却被父亲所疏远。

此处栖息着弗雷德
曾经活着，现在死了，
如果死的是他父亲
我更宁愿看到这剧情，
如果死的是他姐妹
没人会为此想念心碎，
如果死的是他兄弟，
那也好过他自己没命，
如果死的是整整一代人，
那对国家反倒有恩，
但既然死的是弗雷德
他曾经活着，现在死了，
那也没什么可再说了！

亚历山大·蒲柏为艾萨克·牛顿所撰写的墓志铭。

自然和自然的规律在黑夜隐藏：
上帝说，"让牛顿降生吧！"于是一片明亮。

亚历山大·蒲柏
"一个不会被安葬在威斯敏斯特教堂的人"。

英雄与君王们！保持你们距离；
安静点，让这可怜的诗人睡去，
谄媚奉承从不是他的行事做法：
让霍拉斯和维吉尔脸红羞愧吧。

拜伦勋爵(1788—1824)写给政客、卡斯尔雷子爵罗伯特·斯图尔特(1769—1822)。1798年爱尔兰叛乱被镇压时,他是爱尔兰的首席大臣,并在1800年爱尔兰联合法案的创建中发挥了主导作用。

后人永远不会发现比这更华丽的坟墓了:
卡斯尔雷的尸骨就在这儿:游客,站住,小便吧!

一条狗的墓志铭,1747年。

铭文有亚历山大·蒲柏的风格。

此处栖息着人类的一种模仿体,
一条尽职的狗知道了它的意义:
对于亲爱的主人而言,它是可信赖的仆人,
也是要好的伙伴,真诚的友人。
它不理会贿赂和威胁,保持绝对公正;
它不谋求津贴,也不破坏信任。
午夜的小偷和散步的吉普赛人发现
这位忠诚的桑丘在附近看守着庄园……

真理与毫不掩饰的爱温暖了它的胸膛,
它心存感激,行动明智
在它的一生中,所有的社会美德皆闪耀光芒;

希望没有粗鲁之人打扰它宁静的墓
遵循自然的方式享用自然的恩赐
这是所有野兽或人类能尽责的方式。

皮尔斯·伊根(1772—1849)写给约翰·斯莫尔(1737—1826),18世纪最伟大的板球运动员之一。

铭文出自他的著作《运动之书与生活之镜:拥抱草坪、追逐、戒指与奖台》。

著名板球手约翰·斯莫尔在此栖息,
他被死神不偏不倚的发球击倒离去。
他的名字稀松平常,名誉却不同凡响,
因为他将这项高贵的运动玩出了名堂。
他的一生漫长美好,就像他的一局球。
他在岁月里度过了整整九十个春秋。
最终第九十个寒冬来临,
命运不再让他孤独地活下去。
老约翰·斯莫尔,汉伯顿俱乐部的最后一员,
放弃了他的球拍、球、皮革、蜡和他的一切。

铭文出自乔治·麦克唐纳的《大卫·爱尔琴布洛德》。

栖息此处的我,马丁·爱尔琴布洛德:
请怜悯我的灵魂吧,上帝,
我所期望的,是我能成为上帝
而你变成马丁·爱尔琴布洛德。

威廉·巴克兰,神学博士,英国皇家学会会员(1784—1856),19世纪最伟大的"怪人"之一。

他是威斯敏斯特教堂的主持牧师,牛津大学地质学讲师,他鉴定描述了第一个完整的恐龙化石。

哀悼吧,菊石类,对着他的骨灰瓮哀悼
　　你们再也感受不到他的魅力;
片麻岩、花岗岩、板岩!他确定了你们的年份,
　　现在你们必定为他感到痛惜。

哭吧,洞穴,哭吧!泪水涟涟,
　　他无法再探索你深处的幽静;
　　矿脉和生物遗骸们
　　他不会再在地层钻孔探寻。

啊！他的聪慧像水晶一样闪闪发光！
他知识渊博，通晓沙砾到花岗岩；
没有伎俩能欺骗他，过错无法让他惊慌，
标本的真假从来逃不过他的法眼。
他知道每块圆卵石诞生的地方，
也知道它的旅程轨迹已有多远。

他的雄辩如洪水退去，
乳齿象的尸体在水面漂浮；
对地质学这个艰涩的主题，
他的魅力让老少备受鼓舞。
他像局外人般在旁伫立；
听众崇敬地用铅笔将每件逸事记录。

我们伟大的教授被葬于何处，
他的尸骨才能安息？
若我们为他造一座石墓
他会起来将石头敲击，
将周围每一个地层审视仔细，

因为他在地下素来游刃有余。

若我们把鹤嘴锄铁锹这类东西
　放在他身边的冲积土里,
　他会突然站起来抓过这些工具
　去干自己地质学的苦力。
　这一地层太新,教授不屑一顾
　自己的"生物遗骸"得被嵌在此处。

然后在某种表面硬化的泉水中暴露,
　他的尸骨被钟乳石所覆盖蔓延,
　当这位石化的圣人被完全盖住,
　他会让我们把他带去牛津大学。

那里有猛犸和鳄鱼的化石,高高存放于架子上。
让他也站在那里,如一座纪念碑承载自己的荣光。

1882年,澳大利亚在英格兰举行的板球对抗赛中首次击败英格兰队,令英国球迷大为震惊。《体育时报》记者雷金纳德·雪莉·布鲁克斯发表了以下假讣告。这一"讣告"最终催生了"灰烬杯"这一板球锦标赛的名字,英国和澳大利亚间定期举行的板球对抗赛也为众人所知。

深情铭记
英国板球
它于1882年8月29日
阵亡在椭圆球场,
他被许多悲伤的朋友熟人,
深深哀悼
安息吧
它的遗体将被火化为灰烬
带至澳大利亚

温斯顿·丘吉尔（1874—1965），墓志铭为他自己撰写。

我已准备好去见造物主。至于他老人家能否忍受见我的巨大折磨，那就是另一回事了。

萨达特·哈桑·曼托（1912—1955年），他在死前六个月为自己撰写了墓志铭。

此处栖息着萨达特·哈桑·曼托，和他一起埋葬的
  还有短篇小说写作艺术的所有奥秘
  躺于重重泥土之下，他仍在好奇：
  上帝和他，谁才是更伟大的短篇小说作家？

在 20 世纪的头几十年里，名人们被杂志邀请撰写他们自己的墓志铭。这成为了一种流行。

伊卡尔·彻斯（1900—1978）："我终于弄清了事情的真相。"

平·克劳斯贝（1903—1977）："他只是个唱歌不走调的普通人。"

W. C. 菲尔茨（1880—1946）："总的来说，我宁愿待在费城。"

乔治·格什温（1898—1937）："此处栖息着乔治·格什温的遗体，美国作曲家。"

格劳乔·马克斯（1890—1977）:"此处栖息着格劳乔·马克斯——以及谎言,谎言和谎言。

附:他从来没吻过丑姑娘。"

欧内斯特·海明威（1899—1961）:"恕我不起来了。"

阿尔弗雷德·希区柯克（1899—1980）:"我卷入了一个阴谋。"

杰拉尔德·S.考夫曼:"除非我死了。"

希莱尔·贝洛克(1870—1953)为自己撰写的墓志铭。

当我逝去时,希望能有人这样说:
"他罪恶深重,但他的书我们都读过。"

莫里斯·鲍勒爵士（1898—1971）。墓志铭由他的朋友、牛津万灵学院的约翰·斯派洛爵士（1906—1992）撰写，引用自斯派洛的诗"C.M.B"。

带我们去天堂地狱，无论哪里，
答应我们，你仍会和我们一起：
若没有你，天堂也会无趣至极，
若有你在，地狱将不再是地狱。

图书在版编目（CIP）数据

墓志铭图书馆/ (英) 萨缪尔·法努斯著；黄兰岚译. -- 上海：上海文艺出版社，2019
（2024.10重印）
（艺文志. 企鹅丛书）
ISBN 978-7-5321-7277-1

Ⅰ.①墓… Ⅱ.①萨… ②黄… Ⅲ.①随笔－作品集－英国－现代 Ⅳ.①I561.65
中国版本图书馆CIP数据核字(2019)第139992号

Epitaphs: A Dying Art. Edited by Samuel Fanous.
First published in 2016 by the Bodleian Library
Introduction, selection and arrangement © Samuel Fanous, 2016
All rights reserved.
著作权合同登记图字：09-2018-1253

发 行 人	毕 胜
出 品 人	肖海鸥
责任编辑	肖海鸥 黄秋野
书 名	墓志铭图书馆
作 者	(英) 萨缪尔·法努斯
译 者	黄兰岚
出 版	上海世纪出版集团　上海文艺出版社
地 址	上海市闵行区号景路159弄A座2楼 201101
发 行	上海文艺出版社发行中心发行
	上海市闵行区号景路159弄A座2楼206室 201101 www.ewen.co
印 刷	苏州市越洋印刷有限公司
开 本	710×1000 1/32
印 张	13.625
插 页	2
字 数	170,000
印 次	2019年8月第1版 2024年10月第8次印刷
I S B N	978-7-5321-7277-1/G.0250
定 价	49.00元

"企鹅"及其相关标识是企鹅图书有限公司已经注册或尚未注册的商标。未经允许,不得擅用。封底凡无企鹅防伪标识者均属未经授权之非法版本。

企 鹅 图 书
Penguin Books

策划出品 _ Patrizia van Daalen

特约编辑 _ 白姗

营销编辑 _ 刘芸倩　赵亦南

装帧设计 _ 索迪

封面插画 _ 孙愚火